Ingrid Trobisch

Aus verborgenen Kräften leben

R. BROCKHAUS VERLAG WUPPERTAL UND ZÜRICH
EDITIONS TROBISCH, KEHL/RHEIN

ABCteam-Bücher erscheinen in folgenden Verlagen:

Aussaat- und Schriftenmissions-Verlag Neukirchen-Vluyn
R. Brockhaus Verlag Wuppertal und Zürich
Brunnen Verlag Gießen (und Brunnquell Verlag)
Christliche Verlagsanstalt Konstanz (und Friedrich
Bahn Verlag/Sonnenweg-Verlag)
Christliches Verlagshaus Stuttgart (und Evangelischer
Missionsverlag)
Oncken Verlag Wuppertal und Kassel

Die amerikanische Originalausgabe erschien unter dem Titel »The Hidden
Strength« by Here's Life Publishers, Inc. © 1988 Ingrid Trobisch

Deutsch von Stephen Trobisch und Elisabeth Wetter

© 1988 der deutschen Ausgabe:
R. Brockhaus Verlag Wuppertal und Zürich
Umschlaggestaltung: Carsten Buschke, Solingen
Umschlagfoto: Kalt – ZEFA, Düsseldorf
Gesamtherstellung: Breklumer Druckerei Manfred Siegel
ISBN 3-417-12420-4 (R. Brockhaus Verlag)
ISBN 3-87827-012-7 (Editions Trobisch)

Meiner Mutter
Gertrude Jacobson Hult,
deren verborgene Kräfte
mich immer wieder
zum Staunen gebracht haben

Verborgene Kräfte
(wurzeln in der Sicherheit der Liebe Gottes)

Ich war gerade von einem Familientreffen in unserem alten Zuhause am Lichtenberg in Österreich heimgekehrt. Mein ältester Sohn Daniel, seine Frau Betty und ihre drei kleinen Söhne Michael, Andrew und Peter lebten dort. Das Thema unseres Treffens war: »Die Liebe einer Familie birgt uns wie ein Baum.«

Diese Zeichnung stammt aus meinem Tagebuch. Nachdem ich meiner fünfjährigen Enkelin Virginia eine Baumgeschichte vorgelesen hatte, saß sie auf meinem Schoß und half mir mit der Zeichnung. Sie malte die Blätter und färbte sie auf ihre Weise. Wie zu sehen ist, hat sie diese Zeichnung sogar signiert.

INHALT

VORWORT

Das Thema dieses Buches ist »Geborgenheit«. Ich will erzählen, wie ich sie fand und wie mir daraus die Kraft zufloß, die ich brauchte – auch für die Stürme, die ich zu bestehen hatte.

»In deinem Licht schauen wir das Licht«, heißt es im Psalm (36,9) – dieses Licht war es, das mich auf den Weg brachte und den Ort finden ließ, wo ich mich bergen konnte.

Ich will diesen Weg, so gut ich kann, beschreiben, damit auch meine Leser zu dem hin finden, der »unsere Zuflucht und Stärke« (Psalm 46,1) und selber das Licht ist und ins Licht führt – aus dem Dunkel von Trauer und Angst heraus in den Raum eines geschützten und lebendigen Daseins.   Ingrid Trobisch

MEIN PLATZ

Herr, all diese Jahre habe ich nach »meinem Platz« gesucht –
ein Platz der Zugehörigkeit, der tiefen Wurzeln sollte es sein,
wo ich lieben darf und geliebt werde,
wo ich mit meinen Gaben dienen kann,
wo Erfüllung heranreift wie eine Frucht,
wo Disziplin befreit von aller Hast.
Ein Platz sollte es sein, der Sinn und Bedeutung hat,
wo Vertrauen wächst und Frieden,
wohin ich fliehen, wo ich mich bergen kann.
Ein sicherer Ort – mein Zuhause.
Dort erhebt sich die Freude über Trauer und Schmerz,
weil Du, Herr, immer schon da bist, wenn ich Dich suche.
Und alles, was ich brauche, das fände ich in Dir.

Laß mich bei Dir bleiben – mein Zuhause bist Du.

1. Wurzeln

Hast du jemals vor einem Menschen gestanden und dich gefragt: »Was gibt dieser Person solche Kraft in Zeiten der Krise, eines Konfliktes oder einer Versuchung? Woher kommen diese verborgenen Kräfte?«

Nie werde ich die Reaktion meiner Mutter vergessen, als ich sie anrief, um sie über den plötzlichen Tod meines Vaters zu informieren. Ich war eine siebzehnjährige Schülerin an der »Luther Academy« in Wahoo, Nebraska, und Mutter befand sich mit meinen jüngeren Brüdern und Schwestern in Springfield, Missouri. In den Wirren des Zweiten Weltkrieges war mein Vater allein nach Afrika zurückgekehrt. Nun hatte ich das schwerste Telefongespräch meines jungen Lebens zu führen und Mutter die Nachricht von Vaters Tod mitzuteilen.

Mutter meldete sich mit ihrer frohen Stimme.

»Mutter«, rief ich, »ich habe schlechte Nachrichten für dich. Bist du stark?«

»Ja, Ingrid«, sagte sie langsam. »Sag' es mir.«

Ich las ihr das Telegramm aus Daressalam vor, das in unserem Missionsbüro eingetroffen war: Mein Vater war am 18. März 1943 an Herzversagen gestorben – infolge einer Malaria.

Einige Augenblicke lang herrschte völlige Stille. Dann fragte mich Mutter mit ruhiger Stimme:

»Wie geht es dir, Ingrid? Und wie geht es der Großmutter? Wie verkraftet sie die Nachricht vom Tode ihres ältesten Sohnes?«

Als ich versuchte, Mutter zu trösten, sagte sie: »Die Zukunft ist nicht dunkel. Der Herr hat uns bis jetzt geholfen. Er wird uns auch weiterhin helfen.«

Wir alle bewunderten ihre Stärke.

Später erzählte sie mir, daß an jenem schweren Tag mein jüngerer Bruder Carl die Masern hatte, daß die anderen Geschwister schon angesteckt waren, im Hühnerstall zweihundert Küken zu versorgen waren – sie hatte einfach keine Zeit, sich von der Trauer überwältigen zu lassen.

Als ich den Hörer auflegte, stellte ich erstaunt fest, daß Mutters Reaktion mich nicht überrascht hatte. Ich hatte damit gerechnet. Schon früher hatte ich wiederholt beobachtet, wie sie den Stürmen des Lebens standhielt, und ich wußte, daß das mit den verborgenen Kräften zusammenhing, aus denen sie ihre Ruhe und Zuversicht schöpfte.

Der Baum des ersten Psalmes

In einer meiner frühesten Erinnerungen zeigt mir mein Vater sein kleines, in braunes Leder gebundenes Neues Testament in schwedischer Sprache. Er hatte es von seinem Vater bekommen, als er 1906 mit achtzehn Jahren zum ersten Mal sein Zuhause verließ, um an die »Luther Academy« zu gehen. Unter das Datum und die Widmung schrieb der Großvater:

Der erste Psalm:

> »Wohl dem,
> der nicht wandelt im Rat der Gottlosen
> noch tritt auf den Weg der Sünder,
> noch sitzt, wo die Spötter sitzen,
> sondern hat Lust am Gesetz des Herrn,
> und sinnt über seinem Gesetz Tag und Nacht!
> Der ist wie ein Baum, gepflanzt an den Wasserbächen,
> der seine Frucht bringt zu seiner Zeit,
> und seine Blätter verwelken nicht. . . .«   (Psalm 1,1-3)

Mehr als siebzig Jahre später hatten mein Mann Walter und ich unsere letzte gemeinsame Stille Zeit in unserem Zuhause in den österreichischen Alpen. Wir meditierten über den dritten Vers desselben Psalmes.

Walter schrieb die folgenden Worte in sein Stille-Zeit-Heft:

Ein Baum ruht, steht, trinkt, trägt,
Pflanzt sich fort, spendet Geborgenheit,
Wartet auf die Zeit.

Bäume und Geborgenheit

Die Bäume und ihr Schatten waren für mich schon immer ein Symbol für Geborgenheit. Wenn meine kleine kindliche Welt zusammenzustürzen drohte, rannte ich aus unserer raumkargen steinernen Hütte in den Ozarks und vergrub mein Gesicht in die rauhe Rinde »meiner« Eiche und umarmte den Baum, bis alles wieder gut war. Manchmal kletterte ich hinauf in die schützenden Äste, um für kurze Zeit »über« den Dingen der Welt zu sein. Wie wohl das tat und wie heilsam für den Schmerz!

Bäume gibt es aus vielerlei Gründen. Sie wurden noch vor dem Menschen – jedoch für den Menschen – erschaffen. Sie sind das Zuhause der Eichhörnchen, Insekten und Vögel. Ihr Schatten schützt den Menschen vor Hitze. Sie wandeln Kohlendioxyd in Sauerstoff um. C.G. Jung nannte Bäume die »Gedanken Gottes«, die nicht nur die Absicht des Schöpfers zum Ausdruck bringen, sondern auch die bezaubernde Schönheit des Augenblicks der Schöpfung. »Trees« von Joyce Kilmer war eines der ersten Gedichte, das ich in der Schule auswendig lernte:

I think that I shall never see
A poem lovely as a tree.
A tree whose hungry mouth is pressed
Against the earth's sweet flowing breast;
A tree that looks at God all day,
And lifts her leafy arms to pray;
A tree that may in summer wear
A nest of robins in her hair;
Upon whose bosom now has lain;
Who intimately lives with rain.
Poems are made by fools like me,
But only God can make a tree.

Tiefe Wurzeln, um Stürme zu überstehen

Ein Baum braucht tiefe Wurzeln, um bestehen zu können und um all diese verschiedenen Dinge, die das Gedicht beschreibt, zu tun. Nur wenn die Wurzeln tief sind, kann der Baum in die Höhe wachsen, stark werden und Stürmen standhalten. Mir wurde gesagt, daß es für das Leben und die Gesundheit eines Baumes notwendig ist, daß das Wachstum der Wurzeln in einem bestimmten Verhältnis zur Entfaltung des Baumes steht. Es muß also unter der Erdoberfläche so viel wachsen wie über ihr. Und Wurzeln brauchen Wasser. Die höchsten Bäume stehen an Bächen und Flüssen oder in den Regenwaldgebieten der Erde. Wenn ich solch einen riesigen Baum betrachte, dann bete ich die Worte von Gerald Manley Hopkins: »Du, Herr des Lebens, sende meinen Wurzeln Regen!« (O thou Lord of life, send my roots rain!«)

Ein Baum zeigt uns, wie wir die Stürme unseres Lebens überstehen können. Denn dieses tiefe Verwurzeltsein ist lebenswichtig auch für uns Menschen. Es gibt jene Stabilität, die in Stürmen standhalten hilft.

Auch Feuer kann solch ein gesunder Baum überstehen. Ein Freund von mir besitzt einen Eichenwald in den Ozarks, nahe der Grenze zu Arkansas. Neulich war er tief beunruhigt, als er von einem Waldbrand in dieser Gegend hörte, und er trauerte um den Verlust seiner Bäume. Nach dem Brand stellte er zu seiner Überraschung fest, daß lediglich die erkrankten und toten Bäume verbrannt waren. Die gesunden Bäume blieben vom Feuer verschont. Ihr gesundes Wurzelwerk hatte genug Wasser in Stamm und Äste gepumpt, daß ihnen das Feuer nichts anhaben konnte.

Einige Tage später fand ich in der Bibliothek meines Vaters ein altes Buch aus dem Jahr 1885 mit dem Titel: »Christliches Wachstum«. Es beschreibt dasselbe Phänomen: Als ein Feuer durch den riesigen »Redwood« in Kalifornien fegte, starben einige der großen Bäume, während andere zwar versengt oder geschwärzt wurden, jedoch unverletzt blieben. Als die Stämme der verbrannten Bäume gefällt und geschnitten waren, stellte man fest, daß deren Inneres angefault war. Der Autor schreibt: »Das Feuer der Leiden vernichtet den wahren Glauben nicht – es prüft und entwickelt lediglich seine Stärke.«

Schon oft wurden ganz gewöhnliche Durchschnittsbürger durch ein katastrophales Ereignis völlig verändert – gemäß dem Sprichwort: Was dich nicht umbringt, macht dich stark.

Unsere Kraft kann von unseren starken Wurzeln kommen. In seinem Buch »Früchte des Zornes« beschreibt John Steinbeck, wie eine Familie den schwerwiegenden Entschluß faßt, die Heimat in der »Dust Bowl« Oklahomas zu verlassen, um Wanderarbeiter zu werden. Mit verzweifelter Stimme fragt die Mutter den Vater: »Aber wie können unsere Kinder dann wissen, wer sie sind, wenn sie nicht wissen, woher sie kommen?«

Meine eigenen Wurzeln hatten sich in den Boden Afrikas gegraben, wo ich geboren wurde; danach waren es die Ozarks; dort bin ich aufgewachsen, und meine Wurzeln gruben sich auch in diese Erde. Schweden ist die Heimat aller meiner Vorfahren.

Old Moshi, am Fuße des Kilimanjaro in Tanzania, Ostafrika, ist mein Geburtsort. Meine Eltern leisteten dort Pionierarbeit als Missionare. »Du bist in einem der schönsten Orte der Welt geboren«, sagte meine Mutter oft zu mir. Meine erste Weltreise begann, als ich drei Wochen alt war: Zusammen mit meinen Eltern und meinen zwei älteren Brüdern reiste ich den Berg hinab durch die üppigen Kaffeeplantagen des arbeitsamen Chagga-Stammes; mit der Eisenbahn ging's nach Mombasa, dem Hafen Ostafrikas, und von dort weiter mit dem Schiff nach Schweden.

Als ich vier Jahre alt war, wurde meinem Vater klar, daß sein Traum nicht verwirklicht werden konnte, nach Afrika zurückzukehren. Er verpflanzte deshalb seine immer größer werdende Familie in die lieblichen Hügel der Ozarks im US-Staat Missouri. Es stellte sich heraus, daß es ein wunderbarer Platz für Kinder war. Bei der Schriftstellerin Willa Cather las ich, daß einem Kind die tiefsten Wurzeln wachsen, wo es die Jahre zwischen vier und vierzehn verbracht hat – wie recht hat sie!

Unsere Verwandten waren schon vor uns ausgewandert; sie kamen nun von den »schwarz-erdigen« Bauernhöfen Nebraskas und Illinois. Als sie unser Heim in Springfield, Missouri, besuchten, stellten sie erstaunt fest, daß die Erde ganz steinig war.

»Was kann denn hier wachsen?« fragten sie meinen Vater.

»Bäume und Kinder«, war die gelassene Antwort.

Jedesmal, wenn eines meiner Geschwister geboren wurde, pflanzte mein Vater einen Baum. Auch zur Feier des siebzigsten Geburtstages seiner Mutter pflanzte er einen Baum. Diese Bäume und ihr immer größer werdender Schatten wurden mir zum Symbol für meine Eltern und Großeltern. Ihre Wurzeln stärkten meine eigenen Wurzeln.

Die Liebe einer Familie schenkt Geborgenheit wie ein Baum.

Als ich erwachsen war und dann jahrzehntelang in Afrika und Europa lebte, blieb Springfield für mich das geographische Zentrum der Welt. Ich schätzte Entfernungen nach der Distanz zu Springfield, der »Queen City« der Ozarks. Und als ich nach den vielen Jahren der Abwesenheit hierher zurückkehrte, stellte ich staunend fest, daß meine Wurzeln noch immer hier sind.

Ich hielt mich für einen Pilger; als Botschafter Gottes reisten Walter und ich um die Welt. Wie kann man aber Pilger sein und zugleich in einem bestimmten Stück Erde Wurzeln haben?

Die Bibel sagt uns, daß wir Pilger sind; Paulus fügt jedoch hinzu: »... und seid verwurzelt und gegründet in ihm und fest im Glauben ...« (Kolosser 2,7)

Testen Sie Ihre verborgene Kraft

Dieses Buch kann Ihnen vielleicht zu einer persönlichen Hilfe werden, wenn Sie diese und die am Ende jedes Kapitels stehenden Fragen bedenken. Sie können auch für das Gespräch in der Gruppe verwendet werden:

1. Wann haben Sie jemanden beobachtet, der ganz offensichtlich über verborgene Kraft verfügte – oder wann erlebten Sie selbst solche Kraft?

2. Kennen Sie jemanden, der sich durch ein außergewöhnlich schweres Schicksal veränderte? Was veränderte sich bei Ihnen, als Sie durch Sturm oder Feuer hindurch mußten?

3. Wo liegen Ihre Wurzeln?

2. Der junge Baum – die geschlechtliche Identität

Auf einem Poster in meinem Arbeitszimmer ist ein kleines nacktes Mädchen abgebildet. Es streckt seine Arme aus, als ob es nicht nur sich selbst, sondern die ganze Welt umarmen wollte. Unter dem Bild steht: »To be nobody else«. Das kann man dem kleinen Mädchen ansehen: Es will sein, wer es ist, und niemand anderes.

»Ich weiß, daß ich eine Frau bin; und wenn mich das auch nicht gerade immer glücklich macht, will ich doch sowohl die Einschränkungen als auch die Privilegien annehmen, die damit verbunden sind«, sagte neulich eine junge Frau zu mir. Wir führten ein Gespräch über die Frage unserer Identität – wer wir sind als Mann und Frau. Gott schuf uns als Männer und als Frauen, und ich bin überzeugt, daß ihm das viel Freude gemacht hat. »Und Gott sah an alles, was er gemacht hatte, und siehe, es war sehr gut« (1. Mose 1,31). Gott klopfte sich sozusagen selbst auf die Schulter, als er mit der Schöpfung des ersten menschlichen Paares fertig war. Dieses Paar sollte sein Ebenbild tragen und es der Welt zeigen.

Die wahre Befreiung

Frauen wollen heute vielfach dadurch befreit werden, daß sie ihr Anderssein betonen – vor zwanzig Jahren taten sie alles, um es den Männern gleichzutun: So ändern sich die Zeiten!

Im wahrsten Sinne des Wortes sollten Frauen auch befreit werden – doch ohne befreite und erlöste Männer wird es keine befreiten und erlösten Frauen geben. Die wahre Befreiung kann nicht erfahren werden, solange die Frau nicht in der Lage ist, ehrlich und offen auszusprechen: »Ich bin gern eine Frau«, und der Mann: »Ich bin gern ein Mann.«

Männer und Frauen fühlen sich in ihrer geschlechtlichen Identität unsicher. Sie haben Angst, nicht akzeptiert zu werden. Besonders, wenn sie Persönlichkeitsmerkmale offenbaren, die, wie sie meinen, eigentlich dem anderen Geschlecht angehören sollten. Bedroht in ihren Gefühlen, vergraben oder verleugnen sie diese Merkmale. Sie erlauben sich nicht, ihre wahren Gefühle auszudrücken, und sie wissen deshalb auch nicht, wer sie wirklich sind.

Ein Sohn, dessen Männlichkeit vom Vater unbestätigt bleibt, wird unter geringer Selbstachtung leiden. Er wird unfähig sein, sich selbst zu akzeptieren, weil er nicht weiß, was ein wahrer Mann ist. Ein wahrer Mann ist jemand, der auch seine weiblichen Charakterzüge, wie Empfindsamkeit und Mitgefühl, erkennt und ihre Entwicklung zuläßt. Nur dann ist er in der Lage, eine Frau wirklich zu verstehen. Nur dann kann er der Ehemann, Vater und Führer werden, zu dem ihn Gott berufen hat. (Zum tieferen Verständnis siehe »Der mißverstandene Mann« von Walter Trobisch.)

Ebenso braucht eine Tochter diese Kraft, die sie aus früher Bestätigung gewinnt. Wir alle kennen die Geschichte von Dornröschen. Durch den Kuß des Prinzen wird Dornröschen wieder zum Leben erweckt. Dies ist ein wunderbares Bild jener Kraft, mit der ein Vater die Schönheit und Begabung des Weiblichen in seiner Tochter bestätigt.

Mein Vater bestätigte mich. Ich kann mich nicht erinnern, daß er mich jemals bewußt herabgesetzt hätte. Er nahm mich und mein werdendes Frau-sein ernst.

Ich war noch nicht zehn, als mich mein Vater aufklärte. Es war an einem behaglichen, winterlichen Sonntag nachmittag, als er in der Sonntagsschule unterrichtete und über die »Wunder des Lebens« zu sprechen begann. Er erzählte die Geschichte von Maria, der Mutter Jesu. Sie erwartete ein Kind, obwohl sie nie zuvor mit einem Mann geschlafen hatte. Vater sagte zu mir, ich sollte schon jetzt beginnen, für den jungen Mann zu beten, der eines Tages mein Ehemann sein wird. Ich nahm meinen Vater beim Wort.

Der irdische Vater – ein Symbol unseres himmlischen Vaters

Wegen der Beziehung zu meinem irdischen Vater – es war herrlich, auf seinem Schoß zu sitzen – war es für mich nur ein kleiner Schritt, nach Vaters frühem Tod eine Beziehung zu meinem himmlischen Vater zu finden und mich vollkommen und bedingungslos von ihm lieben zu lassen.

In den meisten Fällen ist der Vater der erste Mann, den ein Mädchen kennenlernt. Unbewußt wird sie von Gott in gleicher Weise denken, wie von ihrem Vater. Hatte sie einen herzlichen, liebevollen und mitfühlenden Vater, so wird es wesentlich leichter für sie sein, eine herzliche und liebevolle Beziehung mit ihrem himmlischen Vater aufzubauen. Dasselbe gilt für ihr Verhältnis zu Männern im allgemeinen und im besonderen für die Beziehung zu ihrem Ehemann.

Liebe dein Geschlecht

Was für ein Unterschied besteht doch zwischen »bestätigenden« Männern – wie meinem Vater – und den vielen Männern in unserer heutigen, gebrochenen Welt. Um unser Geschlecht zu »leben« – diesen vitalen, von Gott geschaffenen Teil unseres wahren Selbst und unserer Person –, brauchen wir Vorbilder und Menschen, die uns bestätigen. Da es an solchen Menschen mangelt, befinden wir uns heute in einer schweren Krise der geschlechtlichen Identität.

Leanne Payne hat mehrere wagemutige Bücher zu diesem Thema geschrieben, unter ihnen »Das zerbrochene Bild« und »Crisis in Masculinity«. Sie sagt, daß zur Ganzwerdung einer Frau nicht nur ihre Weiblichkeit bestätigt werden muß; ihre ebenfalls natürlichen »maskulinen« Eigenschaften wie Selbstvertrauen, Unabhängigkeit, Stärke müssen anerkannt, ausgeglichen und, wenn nötig, gestärkt werden.

Ich begann zu verstehen, was die Autorin meinte, als mich eine christliche Ärztin neulich beriet: »Ingrid, erlaube dir, selbst stark und kreativ zu sein, zu planen und zu strukturieren, das richtige Wort zur richtigen Zeit zu sagen, logisch zu denken und anderen ihren Weg zu zeigen, denn das ist deine Berufung von Gott. Du hast Ja zu deiner Weiblichkeit gesagt. Lerne nun Ja zu dem sanften, aber starken Daniel in deinem Herzen zu sagen.«

Leanne Payne macht darauf aufmerksam, daß in jenen Fällen die Häufigkeit von Inzest gestiegen war, in denen Männer nicht bereit waren oder die Fähigkeit verloren hatten, die Weiblichkeit ihrer Töchter angemessen zu erwecken und zu behandeln. »Entweder bestätigen Männer die Männlichkeit oder die Weiblichkeit ihrer Söhne und Töchter; wenn sie jedoch versagen oder unfähig dazu sind, verneinen sie deren geschlechtliche Identität« (Leanne Payne, Das zerbrochene Bild).

»Wenn Männer geheilt sind, so wird die Heilung der Frauen auf natürliche Weise folgen. Es ist der Vater (oder der Vertreter des Vaters), welcher die Söhne und Töchter in ihrer geschlechtlichen Identität bestätigt und – da die geschlechtliche Identität einen vitalen Teil der Persönlichkeit selbst darstellt – auch ihre Person.«

Eine christliche Sozialwissenschaftlerin, Fakultätsmitglied einer Universität, verfaßte ihre Doktorarbeit über Muster geschlechtsbezogenen Verhaltens, die für beide Geschlechter schädigend sind. Sie schrieb mir neulich, nachdem sie unsere Bücher gelesen hatte:

»Ich bin nun seit 13 Jahren Christ, und ich bin erstaunt über den Mangel solider, männlicher Christen. Hinzu kommt, daß christliche Männer – wie so oft in der Geschichte – den Frauen eine Menge Leid zufügen. Ich habe dies systematisch in praktischen Fällen beobachtet, und ich glaube, daß etwas verkehrt ist. . . . Ich möchte Kirchenführer vor der Spannung und der anwachsenden Unzufriedenheit zwischen Männern und Frauen in der Kirche warnen. . . . Ich habe ein tiefes, quälendes Gefühl, daß die Kirche mit Schuld belastet ist (besonders in New York City, wo ich lebe). Männlich-weibliche Beziehungen sind sehr strapaziert. Wenn sie den Ärger der christlichen Frauen hören könnten, würden sie schockiert sein. Ich glaube, daß die Konflikte zwischen Männern und Frauen in der Kirche durch Gebet, Weitblick und praktische Maßnahmen beigelegt werden sollten. Aber zuerst muß der Zutritt zu dem Problem verschafft werden, bevor es eine Lösung gibt.«

Sie schreibt weiter: »Ihre Geschichte, Ihre Familie und Ihr Lebenswerk sind erstaunlich. Am meisten beeindruckt hat mich aber die zärtliche Liebe, die Sie und Ihr Mann miteinander teilten. Dies ist sehr selten, sogar unter christlichen Ehepaaren.«

Ich wunderte mich darüber und dachte an all die Anstrengungen, die es uns kostete, diesen kleinen Baum zu pflegen und zu bewässern, der an unserem Hochzeitstag gepflanzt wurde. Wir sahen ihn gedeihen und Frucht bringen – trotz unserer selbst. Es gab viele Beschneidungen, eine Menge Schmerz und Krisen, die überwunden werden mußten. Ohne die verborgenen Kräfte und ohne den Schutz in der Liebe Gottes hätten wir es nicht geschafft.

Fragen:

1. Wie gehen Sie mit Ihrem Geschlecht um? Welche Bestätigung gab Ihnen Ihr Vater? Ihre Mutter? Andere? Wie wirkte sich das auf Ihr heutiges Befinden aus?

2. Warum sind so viele Frauen zornig auf die Männer?

3. Haben Sie eine Vorstellung, wie solche Verhaltensweisen korrigiert werden könnten? Muß in Ihrem eigenen Leben etwas verändert werden? Wenn ja – wie könnte das geschehen?

3. Verborgene Kräfte
im Ledig-sein

Um als Lediger erfolgreich zu leben, braucht man Zutrauen zu sich selbst. Gibt es etwas Schöneres als eine Frau, die durch Zutrauen zu sich selbst das Zutrauen in anderen weckt? Meine Großmutter war eine solche Frau des stillen Zutrauens zu sich selbst. Ich bin froh, daß ich die Gelegenheit hatte, in ihrer Nähe zu sein, als ich mich von meiner Jugend in das junge Erwachsenen-sein entwickelte. Sie wurde zu einem meiner Vorbilder.

Zutrauen zu sich selbst kommt nicht nur aus unseren verborgenen Kräften, es nährt auch unsere verborgenen Kräfte. »Durch Stillesein und Hoffen würdet ihr stark sein« (Jesaja 30,15).

Ich war dreizehn, als ich die Erfahrung eines beantworteten Gebetes machte. Es war ein großes und stärkte in mir das Vertrauen auf meinen himmlischen Vater.

Ich hatte den großen Wunsch, an die »Luther Academy« in Wahoo, Nebraska, zu gehen, die mein Vater schon besucht hatte. Dieses Gymnasium war unter Mithilfe meiner Großeltern, sie waren schwedische Immigranten, aufgebaut worden. Die Großmutter lebte noch immer dort. Als ich meinen Eltern mitteilte, wie gerne ich an diese Schule gehen würde, antworteten sie mir traurig, daß dies wegen der damit verbundenen Unkosten unmöglich sei. Die Schule war siebenhundert Kilometer von zu Hause entfernt. Außerdem war das Schulgeld erheblich, da es sich um eine Privatschule handelte. Ich sollte an dasselbe Gymnasium gehen, das meine älteren Brüder besuchten.

Ich war enttäuscht über diese Antwort, jedoch nicht willens aufzugeben. Ich ging jeden Abend nach dem Abendbrot zu meinem verborgenen Baum, vergrub mein Gesicht in seine rauhe Rinde, schloß meine Augen und bat meinen himmlischen Vater, sein Versprechen aus Markus 11,24 doch bitte einzuhalten: »Alles, was ihr bittet in eurem Gebet, glaubet nur, daß ihr's empfangt, so wird's euch werden.«

Einige Wochen vergingen. Es gab kein Zeichen einer Antwort auf meine Gebete. Wenn ich meiner Mutter nicht mit irgend etwas zu helfen hatte, nähte ich an meinen Kleidern und packte sie vorsichtig mit meinen anderen Schätzen in Kartonschachteln unter mein Bett.

Der erste Schultag kam. Nichts passierte. Ich gab es aber nicht auf, zu beten und zu hoffen. Die Mittagspost kam. Ich beobachtete meinen Vater, wie er sie sortierte. Er hielt einen Brief meines Onkels, eines Geschäftsmannes in Wahoo, in der Hand. Vater lächelte, als er las: »Hältst du es für möglich, Ingrid kommen zu lassen? Mutter sollte nicht länger allein gelassen werden. Ingrid könnte an die Luther...« Mein Onkel hatte dem Brief sogar Geld für die Reise beigelegt!

Noch am selben Nachmittag begannen mein Vater und ich die Reise in unserem alten Chevy. Er fuhr die ganze Nacht hindurch, und wir erreichten Wahoo am nächsten Morgen. Ich wurde in die Schule aufgenommen. Die Entrichtung meines Schulgeldes wurde erlassen. In dem kleinen, gemütlichen Haus meiner Großmutter hatte ich endlich dieses Gefühl der Geborgenheit, nach dem mich so sehr verlangte. Ich genoß die Zeit mit ihr – es bestand eine tiefe Beziehung zwischen uns. Ich bewunderte sie.

Als sie dreiundvierzig war, wurde sie Witwe. Sie hatte acht Kinder im Alter zwischen zwei und neunzehn Jahren zu versorgen und zu erziehen.

Jahre später wurde ich gebeten, eine Kurzbiographie über mein Leitbild zu verfassen. Ich sollte über die Frau schreiben, die mein Leben am meisten beeinflußt hatte. Ich wählte meine Großmutter, Johanna Mathilda, eine Verkörperung der in Sprüche 31,25.26 beschriebenen Frau:

> »Kraft und Würde sind ihr Gewand,
> und sie lacht des kommenden Tages.
> Sie tut ihren Mund auf mit Weisheit,
> und ihre Zunge ist gütige Weisung.«

Ich verglich Großmutters verborgene Stärke immer mit schwedischem Stahl. Er ist dafür bekannt, daß er großen Beanspruchungen standhält. Das hat mit der Qualität des Erzes zu tun, aus dem dieser Stahl produziert wird.

Großmutter mußte den größten Teil ihres Lebens allein gehen – sie tat es mit »Kraft und Würde«. Zwischen uns bestand die tiefe Freude der Zugehörigkeit und des Verstehens, das sowohl von geistiger als auch von physischer Verwandtschaft herrührt.

Die »wahre« Ausbildung

Ich erreichte das Stadium des jungen Erwachsen-seins und lernte mit dem Ledig-sein umzugehen. Ich war dankbar für die Kollegen und die Lehrer an meiner Schule. Einer von ihnen schrieb über das Ziel der »wahren« Ausbildung:

»Jeder Lehrer kann die Wasserkrüge seiner Schüler füllen. Doch nur der Meister verwandelt das Wasser in Wein … Erst wenn die Wahrheit, die wir lehren, auch in den warmen und reichen Strom der Erfahrung des Lernenden einfließt, können wir damit rechnen, daß die christliche Erziehung ihr Ziel erreicht hat. Das Ziel unserer Schule liegt nicht nur im Training des Intellekts, sondern in einem reichen und erfüllten Leben.«

Ein chinesisches Sprichwort sagt: »Wenn du für ein Jahr säst, säst du Reis. Wenn du für zehn Jahre säst, pflanzt du einen Baum. Wenn du für hundert Jahre säst, dann lasse dich gut ausbilden!«

Ein dreifaches Geheimnis

Simone de Beauvoir, die französische Schriftstellerin, sagte einmal: »Es ist Aufgabe einer jeden Frau, sich hinzugeben und sich für andere aufzuopfern. Aber wie kann sie das tun, wenn sie nicht weiß, wer sie ist? Manche Frauen lernen dies nie, und das ist der Grund, warum sie so wenig zu geben haben.«

Das junge Erwachsensein ist jene Zeit, in der wir entdecken, wer wir sind, und in der wir lernen, Ja zu uns selbst zu sagen. Wir beginnen zu differenzieren und stellen fest: Jeder von uns ist eine einzigartige Schöpfung Gottes. Und bei allen Gemeinsamkeiten mit Familien-, Club- und anderen Gesinnungsgenossen machen wir die zugleich beruhigende wie irritierende Feststellung: Ich muß meinen eigenen Weg suchen und ihn gehen – wie Edward in der Fernsehserie »Das Haus am Eaton Place«, dem der Butler zu seiner lebensverändernden Entscheidung gratuliert: »Um sich selbst zu gehören«, sagte er, »muß man tun, was richtig für einen ist.«

Das Geheimnis, das zu diesem stillen Vertrauen und solcher verborgenen Kraft führt, ist ein dreifaches: Wir müssen wissen und fühlen, daß wir zu jemand gehören, daß wir wertvoll sind und daß wir begabt sind. Nur dann werden wir wirklich erfahren, wer wir sind.

Zugehörigkeit

Wir müssen zu jemand gehören: Für mich war es ein wunderbares Erlebnis, nicht nur die Liebe einer fürsorgenden irdischen Familie zu spüren, sondern zur Familie Gottes zu gehören. Nach meinem ersten Jahr im College – ich war achtzehn – hatte ich ein tiefgehendes Glaubenserlebnis. Mein selbstgerechtes religiöses Gehabe wurde durchbrochen. Ich war am Ende, aber das »Ende« wurde zu einem neuen Anfang. Ich erfuhr, was Paulus meinte, als er den Korinthern schrieb: »Darum, ist jemand in Christus, so ist er eine neue Kreatur: das Alte ist vergangen, siehe, es ist alles neu geworden!« (2. Korinther 5,17) Nun gehörte ich zur Familie Gottes – wirklich: Ich gehörte dazu!

Wert sein

Wie war das geschehen? Anstatt mich mit Gewalt anzustrengen, bat ich Jesus einfach, mich mit seinem »Kleid der Gerechtigkeit« zu umhüllen. Es war wie in der Geschichte vom Hochzeitsfest (Matthäus 22): Die Freunde des königlichen Hauses waren eingeladen, aber sie kamen nicht. Mit fadenscheinigen Gründen entschuldigten sie sich. Daraufhin holte sich der König seine Gäste von den »Hecken und Zäunen«. Die waren natürlich nicht gerade festlich gekleidet. Deshalb hielt der Gastgeber für jeden Eintretenden ein Hochzeitsgewand bereit. Ein Gast weigerte sich. Er fühlte sich im eigenen Zeug offensichtlich wohler, was man ja verstehen kann. Doch er wurde aus dem Saal geworfen. Er war dem König so wertvoll gewesen, daß dieser ihn zur Hochzeit einlud – aber ihm war das königliche Hochzeitskleid nicht so viel wert, daß er auf die eigenen Lumpen verzichtet hätte.

Ich stand jenen ganzen Sommer lang unter dem starken Einfluß des Heiligen Geistes, kämpfte jedoch gegen die Vorstellung einer »absoluten Kapitulation«. Ich werde nie den Spaziergang durch den tiefen Wald im nördlichen Minnesota vergessen, wo ich als Gruppenleiterin an einem Jugendlager teilnahm. Ich war des Kämpfens müde und der ständigen Ungewißheit, ob ich nun würdig war oder nicht – »... immerdar lernen und nimmer zur Erkenntnis der Wahrheit kommen« (2. Tim. 3,7). Endlich gab ich mein eigenes zerlumptes Gewand einfach ab und nahm das Seine. Was für eine Befreiung! Nun war ich ebenfalls würdig, »wertvoll in seinen Augen« (Jes. 43,4). Und dies nicht etwa, weil ich irgend etwas Besonderes getan hätte, nein, lediglich Seiner Gerechtigkeit wegen. Ich konnte mit dem blinden Mann in Johannes 9,25 übereinstimmen: »Eines aber weiß ich: daß ich blind war und bin nun sehend.«

Begabt und befähigt

In jener Zeit lernte ich die Freude des großen Trösters, nämlich des Heiligen Geistes kennen. Er ist es, der uns die Tür öffnet, so daß wir Christus sehen können. Er zieht die Aufmerksamkeit niemals auf sich selbst. Im alten Testament (2. Chronik 24,20) lesen wir, daß der Heilige Geist den Propheten Sacharja »ergriff«, damit dieser die Botschaft Gottes verkündete. Der Geist Gottes »kam über« den Propheten – so wörtlich –, als ob er den Mann Gottes kleidete. Ich liebe den Gedanken, daß der Heilige Geist über mich kommt und mich kleidet. »Oder wißt ihr nicht, daß euer Leib ein Tempel des Heiligen Geistes ist, der in euch ist und den ihr von Gott habt, daß ihr nicht euch selbst gehört?« (1. Kor. 6,19) Ich klammerte mich an das Versprechen aus 2. Timotheus 1,7: »Denn Gott hat uns nicht gegeben den Geist der Furcht, sondern der Kraft und der Liebe und der

Besonnenheit.« Der Heilige Geist ist es, der uns die Begabung gibt und der die Quelle der Befähigung ist. Paulus schreibt an die Korinther: »Nicht daß wir tüchtig sind von uns selber, uns etwas zuzurechnen als von uns selber; sondern daß wir tüchtig sind, ist von Gott« (2. Kor. 3,5).

Ein Raum

Die Zeit meines eigenen bewußten Ledig-Seins lehrte mich, daß nur, wer allein leben lernte, auch in der Lage ist, mit einem anderen Menschen zu leben. Und mir wurde klar, daß zwei Dinge notwendig sind, um als Lediger zu leben:

1. Wir brauchen einen »Platz« und
2. wir müssen lernen, in Harmonie mit der »Zeit« zu leben.

Da ich in einer großen Familie aufgewachsen war, kannte ich den Wert eines eigenen Platzes. Ich teilte ein Doppelbett mit meiner jüngeren Schwester und hatte nur einen Teil des Schrankes für meine Kleider. Ich hatte jedoch eine Kartonschachtel für meine persönlichen Schätze. Und »mein« Baum draußen, die alte Eiche, wurde ebenfalls zu einem meiner Plätze.

Die erste Gabe, die Gott Adam und Eva gab, war ein Platz – der Garten Eden. Als sie diese Gottesgabe verloren, wurden sie zu Flüchtlingen. »Unstet und flüchtig sollst du sein« – das war die Strafe, die Gott Kain auferlegte – daß er niemals seinen Platz finden würde.

Ich hatte zum ersten Mal einen Raum für mich allein, als ich mein Zuhause verließ, um bei meiner Großmutter zu leben. Und ich hatte nun auch »einen Platz« – einen Schreibtisch. Für meine Entwicklung als Christ war es ganz wesentlich, einen Platz für meine Stille Zeit zu haben. Ich sah später, als ich Familien in aller Welt besuchte, daß eine Frau und Mutter dringend ihren eigenen Platz braucht, wenn sie effektiv sein soll – zumindest ihren eigenen Schreibtisch und ihren Stuhl. Nur dann kann sie auch zu einem Platz für andere werden. In unserem geistlichen Leben gehört der Mangel eines Platzes zu den größten Hindernissen für die Stille Zeit mit Gott. Jesus selbst hatte keinen solchen Platz; er wies auf diesen Mangel hin, als er Mitläufer warnte: »Die Füchse haben Gruben, und die Vögel unter dem Himmel haben Nester; aber der Menschensohn hat nichts, wo er sein Haupt hinlege« (Luk. 9,58).

Als meine Schwester, eine ledige Missionarin, in ihrem Urlaub nach Hause kam, konnte sie »ihren Platz« nicht finden. Sie fand schließlich einen Mantel, den sie wirklich gern trug. Für sie wurde dieser Mantel zum Symbol der schützenden Liebe Gottes. Jedesmal, wenn sie ihn anzog, sagte sie zu sich selbst: »Dies ist jetzt mein Platz«, und Traurigkeit kam über sie, als sie ihren Mantel jemandem schenkte, bevor sie zu ihrer Station in Afrika zurückkehrte.

Wenn wir unter dem Mangel eines Platzes leiden, dann teilen wir dieses Schicksal mit unserem Herrn: Die einzigen zwei Plätze, die Ihm diese Welt bot, waren die Krippe und das Kreuz.

Raum schaffen durch Aufräumen

In dem denkwürdigen Gebetsbrief, den Walter kurz vor seinem Tod an unsere Freunde schrieb, berührte er auch unser Thema: Er betonte, wie wichtig es sei, daß jeder einen – seinen – Platz hat.

»Das Gebot der Stunde heißt: Raum schaffen durch Aufräumen.« Vielleicht auch äußerlich – in unseren Schubladen und Schränken, in unseren Finanzen. Aber vor allem innerlich.

Aufräumen schafft Raum, aber es braucht auch Raum. In einem engen Raum, in dem sich alles stößt und aufeinanderliegt, in dem man sich nicht umdrehen kann, kann man nicht aufräumen. So braucht auch das Umdrehen zu Gott Raum. Die Bibel nennt es »Raum zur Buße«. Im Grunde gibt es nur eine Gefahr: Daß wir diesen Raum verlieren, diese Möglichkeit verpassen. . . . Auf einem Fest, zu dem wir geladen sind, heißt es: »Es ist aber noch Raum da« (Luk. 14,22). Und zu Mose, der die Herrlichkeit Gottes sehen wollte, sprach der Herr: »Siehe, es ist ein Raum bei mir« (2. Mose 33,21). Und dann stellte er ihn in eine Felsspalte.

So sah die Gnade aus: Da, eingeklemmt in eine Felsspalte, war der Raum Gottes.*

* Walter Trobisch, Ich wollt', ich könnte fliegen, Brockhaus 1986

Wie ich meinen Platz fand

Nach dem Erlebnis jenes Sommers in Minnesota kam ich zu der tiefen Überzeugung, daß ich in dem Zelt Gottes geborgen war und einen »Wohnsitz« in Seiner standhaften Liebe hatte. Ich klammerte mich an die Zusage von Jesaja 43,1 und 4 fest: »Fürchte dich nicht (Ingrid), denn ich habe dich erlöst; ich habe dich bei deinem Namen gerufen (Ingrid), du bist mein . . ., weil du in meinen Augen so wert geachtet und auch herrlich bist, und weil ich dich lieb habe.« In meiner Bibel unterstrich ich nicht nur jene Zusage Gottes von Jesaja 45,2.3 – ich beanspruchte sie auch. Dort sagt Gott:
»Ich will vor dir hergehen und das Bergland eben machen,
ich will die ehernen Türen zerschlagen
und die eisernen Riegel zerbrechen
und will dir heimliche Schätze geben und verborgene Kleinode,
damit du erkennst, daß ich der Herr bin,
der dich beim Namen ruft, der Gott Israels.«

Zeit

»Was ist das Geheimnis des Erfolges bei jungen Menschen?« fragte ich meinen Sohn David neulich. Er war Assistent an der Heidelberger Universität und beobachtete viele ledige und verheiratete junge Menschen. »Diejenigen, die regelmäßig essen, regelmäßig schlafen und regelmäßig aufräumen, haben Erfolg«, war seine spontane Antwort. Er mußte zugeben, daß letzteres für ihn und seine berufstätige Frau manchmal das Schwierigste war.

Ich erinnerte mich an das letzte Jahr im Augustana College in Rock Island, Illinois. Ich fiel bei einer Prüfung über die Philosophie des 19. Jahrhunderts durch – ich hatte mich einfach nicht genügend vorbereitet. Als ich meiner Mentorin darüber Bericht erstattete, fing ich an zu heulen und jammerte darüber, wie überladen ich mit meinem Stundenplan und zwei Teilzeit-Beschäftigungen war.

Sie ging gar nicht darauf ein, sondern sah mir direkt in die Augen und fragte: »Bist du sicher, daß du dich jetzt nicht im Selbstmitleid badest? Geh und mache es das nächste Mal besser. Plane deine Arbeit – und führe deinen Plan durch!«

Im Umgang mit der Zeit hatte auch C.S. Lewis Schwierigkeiten. Er sagte einmal: »Wir sind nicht für die Zeit geschaffen. Ein Fisch lebt im Wasser; das Wasser engt ihn aber nicht ein – es bedrängt ihn nicht. Wir aber leben in der Zeit und werden ständig von ihr bedrängt. Wir sind aber nicht für die Zeit geschaffen. Wir sind für die Ewigkeit geschaffen. Wir sind zeitlose Geschöpfe.«

Und dennoch weiß auch C.S. Lewis, daß wir in und mit der Zeit zu leben haben – als Versöhnte, auch mit der Zeit und so die Zeit versöhnend. Deshalb dürfen wir die Zeit nicht »verschwenden«, »totschlagen« oder gar verbrauchen. Wir müssen Zeit »investieren«. Ich finde es hilfreich, die Zeit mit einem Bankkonto zu vergleichen, das zur Geburt eingerichtet wird, auf das aber nicht eingezahlt, von dem nur abgehoben werden kann. So kann – wie zur eigenen Größe – so auch zur eigenen Zeit nichts hinzugefügt werden. Sie vermindert sich unabwendbar und stetig – doch was tun wir damit?

Nur ein Kind wartet auf Zeit – es wartet auf Dinge, die geschehen sollen. Es fühlt sich zuweilen sogar beherrscht und bedrängt von der Zeit, während der Erwachsene die Zeit als einen Reichtum betrachtet, den er ausgeben kann. Ein Erwachsener wartet nicht darauf, daß etwas geschieht; er hat einen Plan und weiß, daß es Gott oft seiner Verantwortung überläßt, daß er etwas in Gang bringt. Manchmal gibt mir der Heilige Geist einen Stups: »Schreibe diesen Brief heute!« oder: »Rufe deinen Bruder, deinen Freund an!« Ich nehme diese Anstöße ein erstes Mal wahr, dann ein zweites Mal, und wenn ich das dritte Mal nicht gehorsam bin, dann weiß ich, daß ich Gottes Timing versäumt habe und damit einen Segen und daß dadurch vielleicht sein Königreich verarmt.

Der gegenwärtige Augenblick ist die einzige Zeit, die wir »haben«. Hier fällen wir unsere Entscheidungen. Oft ist Unentschlossenheit die schlechteste Entscheidung. Wer zu keinerlei Entscheidung über den Gebrauch seiner Zeit bereit ist, gestattet äußeren Kräften, die Entscheidung für ihn zu fällen.

Als der amerikanische General Ulysses S. Grant vor einer schwerwiegenden Entscheidung stand, wurde er gefragt: »Sind Sie sicher, daß Ihre Entscheidung richtig ist?«

»Nein, ich bin mir nicht sicher«, antwortete er. »Aber das einzige, wovor ich Angst habe, ist Unentschlossenheit.«

Als Alexander der Große über das Geheimnis seines Erfolgs befragt wurde, soll er die einfache Antwort gegeben haben: »Nichts hinauszuzögern.«

Über meinem Schreibtisch hängt ein Wort, das eine ständige Herausforderung für mich bedeutet. Es lautet: »Tue es jetzt!«

Eleanor Roosevelt, eine der beachtenswertesten Frauen unseres Jahrhunderts, antwortete auf die Frage nach ihrem »Zeitgeheimnis«: »Wenn ich etwas zu tun habe, so tue ich es einfach.«

Für mich als junge ledige Christin bekam die Zeit plötzlich eine besondere Bedeutung: Mir wurde klar, daß es die Zeit meiner Entscheidung war – die Zeit, den Willen Gottes für mein Leben zu finden.

Im College hatte ich gelernt, meinen Glauben zu verteidigen und zu bezeugen und jenen zu antworten, die mich danach fragten.

Nun aber spürte ich, daß Gott mehr von mir wollte. Mir wurde bewußt, daß er mich zum Missionar berufen hatte. Das Kreuzen des Ozeans machte mich aber nicht zum Missionar. Ich mußte eine feste Verpflichtung eingehen, so daß Gottes Plan, Zweck und Programm für mein Leben verwirklicht werden konnte. Als lediger Erwachsener fand ich auf diese Weise im Verborgenen meine Kraft.

Fragen:

1. Was war Ihre erste Gebetserhörung?
2. Können Sie Menschen nennen, von denen ruhige Zuversicht ausgeht?
3. Haben Sie ein Gefühl von Zugehörigkeit, Wert, Kompetenz? Wie kam es zustande?
4. Wo ist Ihr »Platz«? Können Sie ihn ausfindig machen? Beschreibung?
5. In welcher Beziehung leben Sie? Erleben Sie bewußt die Freude des Augenblicks? Kennen Sie dieses Geheimnis:
   Erkenne, was wichtig ist – tue es!
   Erkenne, was unwichtig ist – laß es!
6. Nehmen Sie sich täglich eine Zeit der Stille, um Ihre Zeit planvoll zu gestalten?

4. Das Gelöbnis

Zuverlässigkeit ist gefragt

Meine Eltern baten mich einmal, auf meinen zweijährigen Bruder Gus achtzugeben, während sie einen Spaziergang machten. Ich war zehn Jahre alt. Ich nahm die Verantwortung an. Alles verlief gut, bis ich mein Lieblingsbuch hervorkramte. Ich lehnte mich mit dem Rücken gegen einen Baum in unserem Garten, vertiefte mich in das Buch und vergaß alles um mich her. Plötzlich hörte ich lautes Geschrei. Gus war auf einen Stein gefallen, als er versuchte, in seinen roten Leiterwagen zu klettern. Er hatte einen tiefen Schnitt in seiner Lippe.

Ich kann mich nicht erinnern, daß mich die Eltern wegen meiner Nachlässigkeit bestraft hätten; ich erinnere mich jedoch daran, wie mein Vater sagte: »Gus wird für immer eine Narbe tragen. Sie wird dich ständig an dein nicht eingehaltenes Versprechen erinnern.« Noch immer betrachte ich die verblaßte Narbe meines Bruders, der nun schon über fünfzig ist, und denke an meine Verpflichtungen. Ich will jede einzelne ernstnehmen.

Neulich hörte ich einen Pfarrer über dieses Thema sprechen. Er sagte: »Wer etwas gelobt oder verspricht, der bindet sich – an eine Person, eine Sache oder eine Wahrheit, und zwar ohne Rücksicht auf die damit verbundenen Kosten an Zeit, Geld, Energie. Zuerst schenkt Gott den Glauben, die Grundlage für unsere Beziehung zu dem, der uns liebt – Jesus Christus. Und aus dem Glauben folgt dann das gelouben – geloben: Ich will ihm treu sein – wie auch er ja treu ist – und seinen Platz für mich und meine Arbeit akzeptieren – in der mittelalterlichen Sprache war das Gelöbnis ein Verlöbnis.

Meine eigenen Gelöbnisse

Ich war dreizehn, als ich mich zum ersten Mal öffentlich zum christlichen Glauben bekannte – daß ich an Gott den Vater, den Sohn und den Heiligen Geist glaubte und den bösen Mächten, dem Teufel und allen seinen Werken entsagte. Um dieses Gelöbnis zu versiegeln, legte der Pfarrer seine beiden Hände auf meinen Kopf und sprach folgendes Gebet:

»Vater im Himmel, um Jesu willen – rufe in Ingrid die Gabe deines Heiligen Geistes wach, bestätige ihren Glauben, führe ihr Leben, gib ihr Vollmacht für ihren Dienst, gib ihr Geduld im Leid, und bringe sie zu immerwährendem Glauben!«

Drei Jahre später, als wir die Nachricht von Vaters Tod in Afrika erhielten, sagte ich vor der Schülerversammlung:

»Es ist schwer zu verstehen, warum mein Vater jetzt von uns genommen werden mußte, da er so dringend in Tanzania gebraucht wird. Meine Schwestern und ich sind mehr denn je entschlossen, unser Leben vollständig für die Ausbreitung des Reiches Gottes hier auf Erden einzusetzen, und zwar auf jene Weise und an jenem Ort, wie der Herr es für uns bestimmt.«

Ich war eine zusätzliche Verpflichtung eingegangen, und plötzlich bekam ich Angst, denn ich wußte nicht, wie ich sie erfüllen sollte. Doch Gott nimmt uns ernst, wenn wir unsere Arme nach ihm ausstrecken und unser Leben ihm zu Füßen legen.

Drei Jahre später, am 10. Juli 1944 – das Abschlußzeugnis der Luther Academy hatte ich in der Tasche – formulierte ich während einer Bibelfreizeit in Nord Minnesota mein Gelöbnis schriftlich.

Alle Teilnehmer an dieser Freizeit waren dazu eingeladen, das Gelöbnis ihrer Lebensübergabe in Gegenwart der drei Gruppenleiter zu unterschreiben. Ich klebte dieses Blatt Papier in die Seiten meiner Bibel, die das Neue vom Alten Testament trennen. Es ist noch immer dort, zerlesen, doch wie die Narbe meines Bruders eine ständige Erinnerung. Es lautet so:

Das glaube ich:

1) – daß Gott diese Welt zu seiner Herrlichkeit erschaffen hat mit allem, was in ihr ist; daß Er mich erschaffen und mir alles, was ich be-

sitze, gegeben hat; daß ich ihm deshalb, und weil er mich mit seinem kostbaren Blut erlöst hat, vollständig angehöre (Römer 11,36; Psalm 24,1; 1. Korinther 6,19.20; Offenbarung 4,11; 5,9.10; Kolosser 1,16; Apostelgeschichte 17,23-31).

2) – daß Gott mich auffordert, dies wahrzunehmen und mich darüber zu freuen; daß es sein Wunsch ist und er mich dahin führen will, daß ich mein Leben stets in Seiner Gegenwart führe als ein treuer Diener und Verwalter seiner Eigentümer (Sprüche 23,26; Kolosser 3,23; 1. Korinther 9,16.17).

3) – daß Gott eine bestimmte Absicht, einen Plan und ein Programm für mein Leben hat. Daß zwar alle meine Tage »in Seinem Buch« aufgezeichnet sind schon seit vor meiner Geburt, sein Plan für mich jedoch nur vollbracht werden kann, wenn ich mich ganz Gott und seinem Willen überlasse und hingebe. Wenn ich mir selbst, meiner Selbstverwirklichung, meinem Vergnügen lebe, wird mein Leben zu einer Wüste werden (Psalm 139,14-18; Jesaja 49,1; Epheser 2,10; Galater 1,15.16; Jeremia 1,5).

4) – daß, wenn ich mich Ihm in dieser Weise anvertraue, Er gerne von meinem Leben vollen Besitz ergreift. Er wird mich dann Tag für Tag seinem Willen entsprechend leiten, so daß alles, was mir begegnet, mir »zum Besten« dient und sein Ziel mit mir erreicht wird: Er will mich mit Seinem Heiligen Geist stärken und zu fruchtbarem Leben führen (Römer 12,1-4; Johannes 6,37; 15,16; Römer 8,28; 2. Korinther 2,14).

5) – daß es den Herrn erfreut und meinen Glauben stärkt, wenn ich auch vor anderen meine Lebensübergabe an Gott bekenne; daß es richtig ist und dem Plan Gottes für mein Leben entspricht, wenn ich in dem Willen, Gott zu gehorchen, mich auch der Gemeinschaft des Volkes Gottes anschließe und jene anerkenne, denen Gott Leitungsaufgaben übertragen hat; daß, wenn ich mich willig dem Heiligen Geist unterordne, er mich durch diese Gemeinschaft lehren, trainieren, zubereiten und schließlich auch allem zuführen wird, was mit meiner Berufung, Seinem Auftrag für mich zusammenhängt (2. Korinther 8,5; Hebräer 13,7; 17,24; Apostelgeschichte 13,1-4).

Diesem Gelöbnis folgte die Übergabe meines Lebens:

»Da ich alles dies von ganzem Herzen glaube, schenke ich mich Dir jetzt allein aufgrund Deiner großen Barmherzigkeit und bitte Dich: Nimm mich als Dein Eigentum an! Nimm alles, was ich habe – Körper, Geist und Seele; meine Gaben und Fähigkeiten, meine Zeit und Zukunft, mein Heim, meine Güter und mein Geld; meine Familie und die ich liebe; meine Stellung und meine Hoffnungen, meine Neigungen und meine Abneigungen; meine Angewohnheiten und Ideen und alles andere, was ich normalerweise für mein Eigentum halte. Dies alles lege ich auf Deinen Altar, damit es ab sofort Dir allein gehöre. Und nun glaube ich, daß Du entsprechend Deiner Zusage mich annehmen und mich immer wieder von aller Sünde reinigen wirst und in mir wirkst, daß ich wolle und vollbringe, was Dir gefällt.

Ferner verpflichte ich mich, daß ich mich gerne der Führung des Heiligen Geistes in und durch die Gemeinschaft des Volkes Gottes unterordne, wie auch denen, die mir im Herrn als Leiter gegeben sind und die mit mir ihr Äußerstes für Sein Höchstes zu geben bereit sind. Ich verbinde mich mit ihnen in dem Bestreben, den Willen Christi zu erkennen und zu tun; und ich bin nun bereit, der Führung zu gehorchen, die der Heilige Geist mir durch diese Gemeinschaft kundtut.

Nun vertraue ich mich Dir an, o Herr. Führe mich Deinen Weg nach Deinem Willen, so daß mein Weg mit Dir, Dein Weg mit mir sei. ›. . .denn ich weiß, an wen ich glaube, und bin gewiß, er kann mir bewahren, was mir anvertraut ist, bis an jenen Tag‹ (2. Timotheus 1,12).«

UNTERSCHRIFT . . . .

DATUM . . . .

Ich datierte und unterschrieb es mit Ingrid J. Hult. Unter meinem Namen sind die Unterschriften der drei Männer Gottes, die meine Lebensübergabe bezeugten: Paul J. Lindell, Clifford Michelsen und Evald J. Conrad, deren gemeinsame Dienste den ganzen Globus umspannten.

Mir hat dieser »Vertrag« – diese fast juristische Festlegung – wiederholt sehr geholfen. Ich gebe ihn hier ungekürzt wieder, weil er Sie vielleicht anregt, ähnlich über Ihren Glauben und Ihre Beziehung zu Gott und die Konsequenzen, die daraus folgen, nachzudenken. Versuchen Sie, dies mit Ihren eigenen Worten auszudrücken, lesen Sie betend und sorgfältig durch, was Sie geschrieben haben, und versehen Sie es mit Datum und Unterschrift – vielleicht sogar mit der eines Zeugen. Es kann Ihnen zur Klärung Ihrer Ziele verhelfen und erweist sich als eine Quelle verborgener Kraft, für die Sie dankbar sein werden.

Die Lebensübergabe ist der Beginn eines neuen Lebens. Wenn das Gelöbnis der Lebensübergabe fehlt, kann sich der Glaube als kurzfristig erweisen. Wenn du Gott dein Leben übergibst, dann gibst du dich selbst jemandem, der größer ist als du, nämlich dem, »der der Weg, die Wahrheit und das Leben ist«, schrieb mein Schwager Vincent Will, als ich ihn um seine Definition für Lebensübergabe bat.

Zuerst kommt der Glaube, die Basis unserer Beziehung zu Jesus Christus – dem, der uns liebt; dann folgt das Treue-Gelöbnis zu ihm, seinem Plan für uns und unsre Arbeit. Die Übergabe des Lebens ist niemals erzwungen. Sie wird freiwillig eingegangen.

Nach drei weiteren Jahren sprach ich mein nächstes öffentliches Gelöbnis. Zu diesem Zeitpunkt hatte ich bereits am Augustana College mein Studium absolviert, ich hatte einen Missionskurs am Lutheran Bible Institute in Minneapolis abgeschlossen und war als Missionarin von der SUDAN MISSION angenommen worden. Nun kam der Tag meiner Aussendung nach Kamerun. Es war ein feierlicher Augenblick, als die Leiter der Mission und die Pfarrer des Bezirks ihre Hände auf meinen Kopf legten und mich segneten. Ich wußte damals nicht, daß im Hintergrund der überfüllten Kirche ein junger deutscher Austauschstudent stand und daß dieser gerade während der feierlichen Segnung eine Stimme innerlich vernahm, die ihm sagte: »Diese junge Frau, die du am Altar knien siehst, wird eines Tages deine Frau sein.« Er tat dies mit einem Achselzucken ab, denn der Gedanke schien ihm völlig irreal.

Einige Tage später reiste ich nach Frankreich zum Sprachstudium.

Ich hielt mein Versprechen. Daran war nichts Romantisches. Es war Nachfolge – weiter nichts. Für mein Diplom mußte ich täglich ein großes Pensum leisten. Nach eineinhalb Jahren Studium hatte ich mein Ziel erreicht und war bereit, nach Kamerun aufzubrechen. In der Zwischenzeit lernte ich den jungen deutschen Studenten näher kennen, der nun Pfarrer in Ludwigshafen war. Wir hatten jeder uns Gott angelobt – für ein anderes Gelöbnis waren wir noch nicht bereit. Ein Pfarrer sagte zu uns: »Ein Christ ist jemand, der warten kann.«

Das eheliche Gelöbnis

Dr. Theo Bovet, der Schweizer Eheberater, riet jungen Paaren: »Zuerst wähle, den du liebst, und dann liebe, den du gewählt hast.« Das Verhältnis zueinander ist die Basis zum Gelöbnis.

Dave Veerman schreibt in dem Artikel: »Did I marry the wrong person?« (Habe ich die falsche Person geheiratet?): »Die Basis einer erfolgreichen Ehe ist die Verpflichtung füreinander. Ich glaube, daß zwei Menschen dann glücklich miteinander sein können, wenn sie sich Gott und einander verpflichten. Umgekehrt aber werden zwei Menschen ohne dieses Gelöbnis unglücklich miteinander sein, so sehr sie auch zusammen zu passen scheinen. Die Verpflichtung füreinander macht den Unterschied aus.

Glaube also nicht der Lüge, daß das Gras überall grüner wäre als im eigenen Garten. Lasse dich nicht von dem Gedanken leiten, deine gegenwärtige Ehe sei ein großer Fehler und daß jemand anderes dein idealer Partner wäre. Gott hat einen großartigen Plan für dich und deinen Ehepartner. Er muß jedoch euer Zentrum bilden. Verpflichtet euch Ihm und einander.«*

---

* Dave Veermann, *Practical Christianity*, 1987, Tyndale House, Wheaton, Illinois, S. 282.

Der Vertrag und das Projekt

Wie gut erinnere ich mich an jenen kalten Abend im Februar 1963, als ich mit einer großen neuen Freude im Herzen durch die Straßen von New York eilte. Neben meiner Aufgabe als Frau und Mutter hatte ich an diesem Projekt zehn Jahre lang in Afrika gearbeitet. Mit der nötigen Vorarbeit hatte ich erreicht, daß sich ein Verleger für meine Geschichte interessierte. Mel Arnold vom Verlagshaus Harper & Row hatte mir gerade einen Vertrag für mein Buch überreicht, das er allerdings nur als Rohmanuskript gelesen hatte. Ich studierte vorsichtig das Kleingedruckte auf dem offiziellen blauen Dokument. Einige Tage später unterschrieb ich den Vertrag und ging damit eine weitere Verpflichtung ein: Ich hatte die erste Fassung des Manuskriptes »Mit Freuden unterwegs« am 1. September desselben Jahres abzuliefern.

Ich wußte nur wenig über den langen Weg, der vor mir lag; auch von den Türen, die dieser erste Schritt für unseren zukünftigen Dienst öffnen sollte. Dieser Vertrag half mir endlich, das zu tun, wofür ich schon lange den Ruf fühlte: nämlich jene Geschichte niederzuschreiben, die passiert, wenn eine ganze Familie dem Ruf folgt: »Hier bin ich Herr, sende mich!« (Jes. 6,8) Ich war oft nahe daran gewesen aufzugeben, aber ich klammerte mich an das Versprechen aus Psalm 118,17: »Ich werde nicht sterben, sondern leben und des Herrn Werke verkündigen.« Später schrieb ich in die Widmung des Buches:

»Das Schreiben eines Buches ist wie das Klettern auf einen Berg. Es kann nur dadurch erreicht werden, daß man einen Kurs festlegt, in einem Team arbeitet, schwere Lasten trägt, einen Fuß vor den anderen setzt und dem Ziel zustrebt. Ich hätte dies nicht ohne die Mithilfe meines Mannes, meiner Kinder, meiner Mutter, meiner Brüder und Schwestern und vieler Freunde zustande gebracht, die dieses Projekt im Gebet unterstützten.

Das Schreiben ist aber nicht nur wie das Klettern auf einen Berg – Schritt für Schritt, gerade dem Ziel entgegen –, sondern auch wie die Geburt eines Kindes. Zuerst kommen die Monate des Tragens, wenn das Kind noch vor der Welt verborgen ist; und dann kommen die Stunden der schweren Belastungen. Und endlich die Geburt.«

Nicht zurückblicken!

Alles, was ich damals lernte, half mir bei meinen späteren Verpflichtungen.

Jesus nahm kein Blatt vor den Mund, als er seinen Jüngern sagte: »Wer seine Hand an den Pflug legt und sieht zurück, der ist nicht geschickt zum Reich Gottes« (Luk. 9,62). Dieses »Zurückblicken« ist entweder ein Ausruhen auf Lorbeeren oder das Versinken in erlebte Mißerfolge.

Um eine gerade Furche zu pflügen, müssen deine Augen auf das Ziel gerichtet bleiben.

Ein alter schwedischer Choral, den meine Eltern oft miteinander sangen, lautete: »Ich blicke nicht zurück«:

> »Ich schau nicht zurück; Gott kennt dies fruchtlose Tun,
> die verschwendeten Stunden, die Sünden, das Leid
> überlasse ich dem, der Vergangenes löscht,
> gnädig vergibt und vergißt.«

Der letzte Vers war mein Lieblingsvers:

> »Doch ich schaue auf – in das Angesicht Jesu,
> denn dort ruhet mein Herr, meine Angst ist verstummt.
> Da ist Frieden und Liebe und Licht und kein Dunkel
> und alle Hoffnung erfüllt.«   (Annie Johnson Flint)

Unsere größte Liebe

Hingabe bedeutet, daß nicht einmal jene, die wir auf menschlicher Ebene am meisten lieben – unsere Familie –, zwischen uns und Gott stehen dürfen.

Wie konnte mein Vater seine Frau und seine Kinder verlassen und in Zeiten größter Gefahr – es war der Zweite Weltkrieg – den Ozean überqueren? Das Missionsfeld in Ostafrika benötigte dringend Hilfe, und mein Vater wurde gebeten, dorthin zurückzukehren. Innerlich mußte ihn diese Entscheidung gequält haben. Sagte er Ja, so bedeutete das die Trennung von seiner Frau und seinen heranwachsenden Kindern, die einen Vater brauchten. Wenn je ein Mann seine Familie liebte, so mein Vater. Doch der Ruf, in Afrika zu dienen, war ihm klar. »Wenn jemand zu mir kommt und haßt nicht seinen Vater und seine Mutter und seine Frau und seine Kinder und seine Brüder und Schwestern, dazu aber auch sein eigenes Leben, so kann er nicht mein Jünger sein« (Luk. 14,26). Auf seiner Überfahrt von New York nach Kapstadt wurde das Schiff inmitten des Atlantiks von einem deutschen Kriegsschiff torpediert und versenkt. Durch ein Wunder wurden mein Vater und seine Mitpassagiere gerettet. Als er in die Vereinigten Staaten zurückkehrte, sagten seine Freunde und Verwandten: »Bestimmt wird er jetzt während des Krieges zu Hause bleiben!« Ein Jahr später jedoch befand er sich erneut auf der Überfahrt, dieses Mal auf einem Frachtschiff, das mit Sprengstoff beladen war. Er schickte uns ein Telegramm, als er wohlbehalten in Kapstadt eingetroffen war. Einige Monate später löste er das größtmögliche Gelöbnis ein; das seines eigenen Lebens. Er wurde im Sand von Daressalaam begraben. »Denn das Leben ist für mich Christus und das Sterben Gewinn« (Phil. 1,21).

Deine »erste Liebe«

Die Kirche in Ephesus war eine sehr erfolgreiche Kirche. Ihre Mitglieder arbeiteten hart, sie ertrugen Not und kämpften gegen Ketzerei; aber irgend etwas mußte dort nicht stimmen, mußte von Grund auf falsch sein. Die Epheser hatten den wichtigsten Teil ihrer Verpflichtung vergessen, nämlich ihre »erste Liebe«. Sie mußten sich wieder in ihre »erste Liebe« verlieben. Gottes Botschaft an sie war klar: »Aber ich habe wider dich, daß du deine erste Liebe verlassen hast« (Offenb. 2,4).

Jemand hat einmal gesagt: »Gott respektiert uns, wenn wir für ihn arbeiten, aber er liebt uns, wenn wir singen.« Er sucht nicht nach einer bezahlten Haushälterin, sondern nach einer Braut. Lebensübergabe heißt, daß ich Ihm mein Herz und mein Leben anvertraue und seine Liebe erwidere, so wie eine Braut die des Bräutigams.

Fragen:

1. Sind Sie schon einmal eine Verpflichtung eingegangen?

2. Was hindert Sie daran, sich zu verpflichten?

3. Was halten Sie von Dr. Bovets Rat: Zuerst wählen, den man liebt, dann lieben, den man gewählt hat?

4. Wie drückt sich diese »erste Liebe« von Offenbarung 2,4 in Ihrem Leben aus?

5. Belastet, überlastet, entlastet

Ich kann nicht mehr frei atmen, ich fühle mich gestreßt. Vielleicht weil ich mit meinem Zeitplan im Verzug bin. Oder sind es die vielen verschiedenen Projekte, die meine Zeit und meine Aufmerksamkeit so sehr in Anspruch nehmen? Nun ja, einige Dinge haben sich gehäuft – buchstäblich: Sie liegen schön ordentlich auf dem Schreibtisch, Briefe und Merkzettel aufeinandergelegt, und jeder Blick darauf mahnt: Nun fang doch erst mal an! Solch einen »Berg« abtragen? Ich schiebe auf und spüre, wie es eng wird in der Brust, und habe es mit einer der wesentlichsten Ursachen von Streß zu tun.

Um unsere Zeit richtig zu gebrauchen, müssen wir im »Jetzt« bleiben und für das nächste »Jetzt« vorausplanen.

Vielleicht entsteht Streß auch bei dem Versuch, die Arbeit Gottes selbst tun zu wollen. Entweder weil man nicht auf Gottes Handeln warten kann/will, oder weil man fälschlich denkt, eine Sache sei zu gering, um Gott damit belästigen zu dürfen. Doch häufig ist es weder der Charakter noch der Umfang der Arbeit, die einen so plagt, sondern vielmehr die Unschlüssigkeit, dieses »Was soll ich?« – »Was darf ich?« – »Was kann ich?«

Als Streß kann man also jene Situationen bezeichnen, die uns keine Ruhe lassen, uns aus der Fassung bringen. Es ist wie die Saite einer Violine: Ist sie zu straff gespannt, reißt sie; ist sie zu locker, gibt's keinen Klang. Kein Solo gelingt, und sie stört jedes Orchester.

Vor kurzem lebte ich einige Wochen im Hause meiner Tochter. Sie dachte, ich sei überarbeitet und brauchte unbedingt Ruhe. Deshalb hielt sie mir alles vom Leibe, was mich irgendwie belasten könnte.

Das machte mich so träge, daß ich nur noch mit Mühe eine Postkarte schreiben konnte. Ich sehnte mich nach den Wochen des Abgeschirmtseins geradezu nach angestrengter Arbeit.

Die Sehne wird gespannt, wenn der Pfeil fliegen soll. So spannt der Streß die Saiten unserer Seele und bringt sie zum Klingen. Streß wird nur dann gefährlich, wenn die Belastung zur gewohnheitsmäßigen Überlastung führt. Wir können jedoch einiges tun, damit die Last erträglich wird.

Entspannungshilfen

Lachen ist gesund. Ich habe irgendwo gelesen, der Mensch solle fünfzehnmal am Tage herzhaft lachen. Es mag kaum eine bessere Hilfe zur Entspannung geben als dieses Lachen. Der sprichwörtliche jüdische Humor ist heute noch lebendig, obwohl doch gerade dieses Volk im Lauf der Jahrtausende mehr gelitten hat als alle anderen. Daß sich seine Leiden in Lachen verwandeln würden, ist seine ewige Hoffnung, daß aber selbst im Lachen Kummer sein kann, seine Erfahrung (Psalm 126,2; Sprüche 14,13; Lukas 6,21). Dennoch: »Ein fröhliches Herz tut dem Leibe wohl« (Sprüche 17,22). Lachen ist eine Therapie; es führt zur Lösung von Spannungen; es ist eine Art von »innerem Jogging«, denn es lockert die innere Muskulatur, die durch die Alltagsbelastung verspannt wird.

Ich kann mich an einen Missionar erinnern, der einfach nicht aus der Fassung zu bringen war. Er war verantwortlich für die Elektrizität und Wasserversorgung auf dem Gelände des Cameroun Christian College. Dreihundert Studenten und fünfundzwanzig Fakultätsmitglieder lebten dort. Die Energie wurde mit Generatoren erzeugt, die jedoch häufig versagten. Als unser Freund einmal bei uns nach dem Rechten sah und wir ihm sagten, daß wir weder Licht noch Wasser hätten, lachte er einfach und beruhigte uns: »Wenn ihr meint, es sei heute so schlimm, dann wartet doch bis morgen!«

Dankbarkeit entspannt

Wenn ich über all die Dinge nachdenke, die noch »zu erledigen«
sind, überkommt mich manchmal eine lähmende Angst: »Werde ich
das je schaffen?« Ein guter Freund machte mich da in seiner liebevollen Art auf etwas aufmerksam:

»Ingrid«, sagte er, »warum bist du denn nicht dankbar für all die
Dinge, die du bereits getan hast? Satan, der große Ankläger, will dir
deinen Frieden rauben, indem er ständig auf jene Dinge hinzeigt, die
noch nicht erledigt sind. Der Heilige Geist hingegen will dich ermutigen. Er ist der große Tröster. Warum solltest du dir gegenüber
strenger sein als ER? Nimm deine Liste und frage Ihn, was du heute
nicht tun sollst.« Ich tat es. Ich nahm mir erst einmal Zeit zur Stille.
Ich kam zur Ruhe. Meine Gedanken ordneten sich. Gott half mir,
sachlich über die Dringlichkeit der einzelnen Arbeiten nachzudenken. Es half.

Sachliches Setzen von Prioritäten ist die nächste Hilfe zur Streß-
Erleichterung. In einem alten englischen Kirchenlied heißt es: »Jeder
Sieg wird dir helfen, andere Siege zu erringen.« Jeder kleine Schritt
vorwärts hilft. Als ich mich einmal total überfordert fühlte, sagte
mein Bruder einfach: »Tu den nächsten erforderlichen Schritt!« Ich
setzte mich hin, dachte über die Prioritäten nach, und der nächste
Schritt wurde mir klar.

»Du bist mir eine Zuflucht geworden, ein starker Turm ...«,
». . . meine Burg, meine Zuflucht . . .« Wie oft hat mir dieses in den
Psalmen wiederholt gebrauchte Bibelwort schon geholfen! Wenn du
einen hohen Turm besteigst, siehst du die Dinge aus der Vogelper-
spektive. Da wird manches klein, was dir vorher den Atem raubte,
und das Große erkennst du plötzlich in seiner vollen Bedeutung.

In ihrem Buch »Woman Under Stress« (Frauen im Streß) schreiben Nanci und Randy Alcorn*: »Passe dich Situationen, die du nicht
kontrollieren kannst, möglichst gut an, kontrolliere und beeinflusse
das dir Mögliche und überlasse Gott den Rest. Und vergiß nicht:

---

* Randy and Nanci Alcorn, *Women under Stress*, Portland: Multnomah Press, 1986,
S. 90.

Wenn du das tust, wird es in größeren, besseren und stärkeren Händen sein als in den deinen.«

Es ist erstaunlich, was das stille Hören auf Gottes Stimme bewirkt; anstatt ziellos hin und her zu laufen, folgen die Schafe ihm nach; »denn sie kennen seine Stimme« (Joh. 10,4). Je feinfühliger wir die Anweisungen unseres sanften Hirten aufnehmen, um so effektiver wird der Gebrauch unserer Zeit. Gott schickt uns in kein sinnloses Unternehmen.

Wir brauchen aber auch ungeplante Zeit! Sie schafft Raum für Spontaneität und Impulsivität. Gelegentlich ist es einfach nötig, »nichts zu tun zu haben« und uns durch Nichtstun zu erholen. Warum sollten wir nicht auch ein wenig träumen? Unser geistiges Wohl verlangt danach, von der Zeit nicht total beherrscht zu werden.

Neben den Dingen, die wir tun müssen, brauchen wir Dinge, die wir tun möchten. Was macht dir Spaß, und wofür möchtest du dir Zeit aussparen? Für mich bedeutet das, einen kleinen Zeichenblock zur Hand zu nehmen und eine Vase, einen Kerzenhalter, eine Blume, einen Baum zu zeichnen. Nun kann meine »methodische« linke Gehirnhälfte, die allem Sinn und Zweck geben will, endlich ein wenig ausruhen, und meine rechte Gehirnhälfte wird wach und aktiv.

Gottes Zeit

Gott hat mir genug Zeit gegeben, das zu tun, was er von mir verlangt, und es lohnt sich, darüber nachzudenken, ob wir nicht in der Regel versuchen, zuviel in einen Tag hineinzuzwängen.

Von Gott lesen wir, daß Gott ruhte, nachdem er die Welt erschaffen hatte – ist das nicht wunderbar? Er hätte sie an einem Tag erschaffen können, doch er nahm sich sechs. Für mich war es eine wunderbare Erkenntnis, als ich herausfand, daß Gott keine Eile hat. »Wer glaubt, wird nicht ängstlich eilen« (Jes. 28,16). Unser Gott hat Zeit. Von Ihm können wir lernen, die 24 Stunden eines jeden Tages als Geschenk zu erleben. »Darum sorget nicht für den andern Morgen, denn der morgige Tag wird für das Seine sorgen« (Matth. 6,34). Warum beruhigen wir uns nicht einfach und tun heute das, was er uns für heute bestimmt hat?

Unsere Energiequelle

Woher wissen wir, was Gott uns für heute bestimmt hat?

Mir hilft die Vorstellung, an die Ernergiequelle Gottes ange-
schlossen zu sein. Jeden Morgen schalte ich meinen kleinen Durch-
lauferhitzer an, um mir eine Tasse Tee zu machen. Während ich das
tue, bete ich: »Herr, hilf mir, daß meine Beziehung zu dir durch
nichts unterbrochen wird.« Wenn diese innere Verbindung da ist,
kann ich Seine Stimme hören und durch Seinen Heiligen Geist ganz
innig mit Ihm verbunden sein.

Jesus hatte Seine Stille Zeit, das lesen wir bei Markus (1,35): »Und
am Morgen, noch vor Tage, stand er auf und ging hinaus. Und er ging
an eine einsame Stätte und betete dort.« Seine Jünger suchten ihn,
und als sie ihn fanden, riefen sie erstaunt: »Jedermann sucht dich!«
Jesus antwortete: »Laßt uns anderswohin gehen, in die nächste
Stadt, daß ich auch dort predige; denn dazu bin ich gekommen«
(Mark. 1,38). Er hatte Seine Anweisungen bekommen.

Ein Tag ohne Stille Zeit ist wie ein Boot ohne Ruder. Anstatt einen
geraden Kurs zu steuern, lassen wir es zu, daß uns Wind und Wellen
treiben.

In seinem Büchlein »Martin Luthers Stille Zeit« schrieb Walter:
»Beten bedeutete für Martin Luther nicht nur reden. Es bedeutete
auch, still zu sein und zuzuhören. Das Gebet ist für ihn keine Einbahnstraße. An ihm sind zwei Gesprächspartner beteiligt. Der
Mensch spricht nicht nur zu Gott, sondern Gott spricht auch zu ihm
– und dieser letzte Aspekt ist der wichtigste des Gebets. Bibellesen
ist Gebet. . . . Viele Christen haben dadurch eine echte Bereicherung
ihrer Stillen Zeit erfahren. Sie treten mit folgenden vier Fragen an einen Bibeltext heran:

1. Wofür habe ich zu danken? (Dank)
2. Was muß ich bei mir ändern? (Buße)
3. Worum darf ich bitten? (Bitte/Fürbitte)
4. Was soll ich tun? (Handeln)

Luther schreibt an seinen Bartscherer Peter Beskendorf: »Ob der
Heilige Geist unter solchen Gedanken käme und anfinge in dein
Herz zu predigen mit reichen, erleuchteten Gedanken, so tu ihm die
Ehre, lasse diese gefaßten Gedanken fahren, sei stille und höre dem

zu, der's besser kann denn du; und was er predigt, das merk und schreibe es an, so wirst du Wunder erfahren (wie David sagt) im Gesetze Gottes: ›Öffne mir die Augen, daß ich sehe die Wunder an deinem Gesetz‹ (Psalm 119,18).«

Walter fährt fort: »Das Niederschreiben, wie es Luther vorschlägt, ist eine Form der Inkarnation, der Fleischwerdung des Wortes Gottes, es dadurch greifbar, genau, eindeutig und klar abgegrenzt zu formulieren. Statt Monotonie erleben wir Vielfalt und Überraschung. Wenn wir unsere Gedanken am Morgen niedergeschrieben haben, können wir außerdem tagsüber nachprüfen, ob wir unsere Vorsätze auch ausgeführt haben. Ein chinesisches Sprichwort lautet: ›Die blasseste Tinte ist stärker als das beste Gedächtnis.‹

Haben wir einen Gebetspartner, ist es für den Austausch mit ihm sehr hilfreich, niederzuschreiben, was Gott uns gesagt hat. Dasselbe gilt für Entscheidungen in einer Ehe. Meine Frau und ich einigen uns immer auf denselben Text für unser tägliches Bibellesen. Als besonders nützlich empfinden wir das in Zeiten der Trennung. Sind wir wieder zusammen, können wir nämlich dann einander vorlesen, was wir uns in unserer Stillen Zeit notiert haben – und ›erfahren Wunder‹.« (Walter Trobisch, Martin Luthers Stille Zeit, in: *Kleine Therapie für geistliche Durststrecken*, R. Brockhaus 1975, S. 42 und 43)

»Die innere Sammlung ist das heimliche und geduldige Warten auf die Geheimnisse Gottes, die er uns im Verborgenen ins Herz flüstern kann«, schreibt Paul Tournier.*

Die Belastung auf uns nehmen

Meine Großmutter pflegte zu sagen, wenn Gott Lasten auferlegt, dann legt er sie auf Schultern, die stark genug sind, sie zu tragen. »Gott ist unser Bautechniker (oder Statiker)«, schreiben Randy und Nanci Alcorn. »Er kennt unsere Bedürfnisse, und er kennt die Kapazität, die wir auf uns nehmen können. Er läßt es zu, daß wir unter Belastungen leben. Er legt uns jedoch nie größere Lasten auf als wir tragen können.«

* Paul Tournier, *Mutig leben*, F. Reinhard, Basel 1980, S. 71.

Gib mir Kraft,
zu ruhen ohne Schuld,
zu laufen ohne Hast,
aufzusteigen wie ein Adler
über den Schluchten des Lebens,
die du mir bereitest
– hier und bei Dir.

Streß und Krankheit

In ihren Untersuchungen über Streß und Krankheit schreiben die Alcorns: »Unter Streß laufen unsichtbare, schädliche Prozesse ab. Dazu gehören übermäßige Produktion von Fettzellen, und bei langfristigem Streß der Angriff auf die arteriellen Wände. Der Körper reagiert darauf, indem er einen Cholesterinbelag anlegt, um den Schaden zu kompensieren. Hält Streß lange genug an, baut sich das Cholesterin auf. Die Arterien werden immer enger, sie erhärten sich, der Blutdruck steigt, und damit erfolgt zusätzlicher Druck auf die arteriellen Wände, der weiteren Schaden und Aufbau von Cholesterin verursacht.

Viele Menschen kennen die Gefahren eines hohen Cholesterinspiegels. Sie versuchen diesen zu kontrollieren, indem sie weniger Fleisch und Eier essen. Das ist gut. Ein einziger Wutausbruch kann jedoch in unserem Körper jene Menge Cholesterin erzeugen, die dem Verzehr von einem Dutzend Eiern entspricht!«

Mühsal und Ruhe

Ich mag das Wort »Ruhe«. Ruhe anstatt Streß: »Kommt her zu mir alle, die ihr mühselig und beladen seid; ich will euch erquicken. Nehmt auf euch mein Joch und lernt von mir; denn ich bin sanftmütig und von Herzen demütig; so werdet ihr Ruhe finden für eure Seelen« (Matth. 11,28.29). Einer meiner Lieblingsverse im Alten Testament ist 2. Mose 33,14, wo der Herr zu Mose spricht: »Mein Angesicht soll vorangehen; ich will dich zur Ruhe leiten.«

Dafür gibt uns Gott jedes Jahr zweiundfünfzig Sonntage, das sind siebeneinhalb Wochen arbeitsfreie Zeit, während der wir zur Ruhe kommen sollen. Oder wir teilen diese Zeit mit Thomas von Aquin ein: in jeder Woche ein Tag Ruhe mit Gott. Nur so beleben wir in unserem Inneren Kräfte, welche verkümmern, wenn sie nicht aktiviert werden.

Eine Amerikanerin beschreibt ihre Sonntagsruhe als einen tiefen Schlaf nach einer langen Phase der Schlaflosigkeit. Sie sei erstaunt, wie vollkommen sie sich durch die Einhaltung und Beachtung des Feiertagsgebotes entspanne, wozu auch ein Sonntag-Nachmittagsschläfchen gehört, mit dem sie ihr verborgenes Inneres still werden lasse und beruhige.

Schritte zur Entlastung

Als ich meinen ersten Verleger, Ed Sammis – liebevoll in unserer Familie auch »Uncle Sam« genannt –, fragte, wie er mit einem »Berg« von Arbeit vor sich zurechtkommt, erwiderte er: »Als erstes lege ich mich nieder und mache ein Nickerchen; und dann nehme ich mir diesen Berg vor.«

Ich habe diesen Ratschlag oft befolgt. Nur – wie soll man beginnen? Ich fand folgende Schritte als hilfreich, um mein Zaudern zu überwinden und der »Belastung« durch »Entlastung« beizukommen:

1. Schaffe Ordnung!

2. Trinke eine Tasse heißen Tee!

3. Erledige die unangenehmste Arbeit zuerst.

Ich lernte da von meiner sehr effektiv denkenden Schwiegermutter. Sie hat mich auch zu jener Einsicht gebracht, daß nichts im Leben hundertprozentig ist, wir uns also mit dem Unvollkommenen zufriedengeben müssen – auch bei uns selbst und unserer Umgebung.

4. »Einteilung und Eroberung.« Ich nenne das die »Schweizer Käse-Methode«: Das Bohren von kleinen Löchern in ein großes Projekt. Schließlich verschlingt man einen gebratenen Ochsen auch nicht mit einem Bissen.

5. Schneide Fluchtwege ab. Heute zum Beispiel lieh ich jemandem mein Auto, um der Versuchung nicht ausgesetzt zu sein, meinen Schreibtisch zu verlassen.

6. Gib dir selbst eine Belohnung, wenn du eine Aufgabe oder Teile einer Aufgabe beendet hast. Ich selbst werde jetzt in einen Eissalon gehen und einen Milkshake trinken, weil ich dieses Kapitel beendet habe.

Fragen:

1. Finden Sie heraus, was Sie jetzt gerade am stärksten streßt – die drei größten Stresser – was macht sie zu solcher Mühsal?

2. Was geschieht bei Ihnen physisch, wenn Sie unter Streß stehen? Was emotional? Was geistig und geistlich? Was in Ihrer engsten Beziehung?

3. Wählen Sie aus diesem Kapitel drei Vorschläge, die Ihnen helfen würden, mit Streß umzugehen. Beschreiben Sie, wie jeder dieser Vorschläge Ihnen in der nächsten Streßsituation helfen wird.

6. Die verborgenen Kräfte in der Ehe

Es gibt nur eins, das schwieriger ist, als allein zu leben: mit einer anderen Person zusammenleben. Deswegen ist nur derjenige, der auch allein leben lernte, wirklich für die Ehe vorbereitet; und der Grund, warum so viele Ehen krank sind, liegt darin, daß diese Wahrheit nicht gelehrt wurde. Denn es gibt keinen Mann, der allen Bedürfnissen seiner Frau entsprechen kann; es gibt auch keine Frau, die in der Lage wäre, allen Bedürfnissen ihres Mannes nachzukommen. Vollkommen ist nur einer, der auch das innerste Verlangen im Herzen eines Menschen zu befriedigen vermag: Jesus Christus.

Ich saß im vollbesetzten Vortragssaal, um den bekannten Schweizer Eheberater Dr. Theo Bovet zu hören. Als dieser großgewachsene Arzt aufstand, um eine Rede über das Geheimnis der Ehe zu halten, spürte ich die gespannte Erwartung des Publikums. Er begann mit folgenden Worten: »Wenn Sie Schiffbruch erleiden wollen – und ich meine richtigen Schiffbruch, wo Sie Ihr ganzes Hab und Gut verloren haben und im Wasser treiben und Sie nur noch eine Schwimmweste haben, die Sie vor dem Ertrinken bewahrt – wenn Sie das wollen, dann brauchen Sie nur zu heiraten.«

Erst nachdem ich selbst geheiratet hatte, verstand ich ihn. Als eine romantisch veranlagte junge Frau, die in Amerika während der Nachkriegszeit aufgewachsen war, dachte ich, zur Ehe müsse man eben vor dem Altar stehen und sein »Ja – ich will es tun« sagen. Viele Leute haben eine ähnliche Vorstellung über den Missionar. Er muß Gott nur sein »Ja, ich will gehen« sagen, den Ozean überqueren, in einem fernen Land leben, und schon bist du ein erfolgreicher Missionar. Das eine ist der Wahrheit so fern wie das andere.

Heute sage und schreibe ich einem jungen Paar am Tage der Hochzeit folgendes:

»Ihr werdet an eurer Ehe arbeiten müssen, denn die Ehe ist kein fertiges Produkt, das euch in den Schoß fällt. So werdet auch ihr euch von Illusionen lösen müssen. Nachdem ich fast drei Jahrzehnte verheiratet war, stellte ich eines Tages fest, daß Walter und ich an jedem Schritt unseres Ehe-Weges hart zu arbeiten hatten; Ehe kann nicht improvisiert werden. Ihr seid beide Neulinge in der Navigation; aber es kann sein, daß eure heute beginnende Reise in stürmische Gewässer führt. Doch das Boot, in dem ihr sitzt, ist euch noch fremd, und mit der Arbeitsteilung werdet ihr noch Mühe haben. Deshalb hört aufeinander, sagt ehrlich, was ihr meint!

Für jeden Beruf muß ein Mann, eine Frau in die Lehre gehen, nur nicht für den schwierigsten – für den des Verheiratet-Seins. Es mag Tage geben, an denen ihr sicher im Hafen vor Anker liegt. Aber euer Boot ist für das offene Meer bestimmt – also lichtet den Anker und trainiert.«

Walter und ich hatten immer wieder einige sichere »Hafen«-Tage, aber es schien, daß wir den größten Teil der Zeit draußen auf hoher See waren. Wir schöpften Wasser aus dem Boot, zogen im Meer treibende Menschen ins Boot und versuchten unseren Kurs als Mann und Frau beizubehalten.

Während all dieser Zeit bedurften wir eines starken Copiloten, Gottes Heiligen Geistes. Und wir brauchten die Ermutigung und den Beistand durch unsere christlichen Freunde in den Booten um uns. Es war uns immer wichtig, daß wir einer Kirche oder einer Gemeinschaft angehörten, wo uns Brüder und Schwestern in Christus korrigierten und stärkten.

Romantische Liebe wird eure Ehe nicht festigen. Sie wird drei Monate, vielleicht auch drei Jahre halten. Aber da sie sich in ein Traumbild verliebt – das meine ich hier mit »romantischer Liebe« –, ist sie häufig nur eine Projektion von uns selbst und nicht auf den anderen Menschen gerichtet, an den wir uns und den wir an uns mit unserem Eheversprechen binden. Es ist das vorgefaßte Konzept eines Gefühls, das wir Liebe nennen und von dem wir Genuß und Freude in der Gegenwart eines anderen erwarten. Deshalb bleiben diese Gefühle fast immer oberflächlich. Doch wir brauchen eine Liebe, die alle Bereiche durchzieht. Deshalb ist Liebe eine Entscheidung, ein Urteil. Sie beansprucht den Intellekt und den Willen. Wahre Liebe bedeutet, daß euch die Sicherheit und das Wohlbefinden des Partners ebensosehr am Herzen liegt wie das eigene. »So sollen auch die Männer ihre Frauen lieben wie ihren eigenen Leib«, lesen wir in Epheser 5,28.

Noch einmal zitiere ich Dr. Theo Bovet: »Zuerst wähle, den du liebst, und dann liebe, den du gewählt hast.« So einfach, aber tiefgründig ist dies.

Bevor mein Schwiegersohn meiner Tochter einen Heiratsantrag machte, war er zwei Wochen lang an einen abgelegenen Platz gegangen, um die Führung Gottes in der Wahl seiner zukünftigen Frau zu erfahren. Er wußte nicht, ob sie Ja oder Nein sagen würde, aber er kehrte mit der Gewißheit zurück, daß er um Katrines Hand anhalten sollte. Sie willigte sofort ein.

Ich war gerade auf der Hochzeit meiner jüngsten Tochter in Österreich. Bei den Feierlichkeiten übergaben die Eltern des Bräutigams dem jungen Paar einen reichhaltigen Satz schönsten Silberbestecks. In jedes Teil waren die Initialen E und R für Ernst und Ruth eingraviert. Der Vater von Ernst sagte dem jungen Paar: »Vergeßt nicht, das ist für euer Leben lang!« Ihre Wahl sollte endgültig sein.

Die Ehe – eine Berufung

Neben der Beziehung zu unserem Herrn ist die Wahl unseres Ehepartners sicherlich die wichtigste Entscheidung, die wir zu treffen haben. Ich glaube, daß die Ehe eine Berufung ist. Wenn wir dieses Verständnis von Führung und füreinander Berufensein teilen, werden wir eher ermessen können, welche kostbaren Gaben uns Gott mit unserer Ehe schenken will.

Ich werde jenen Tag nie vergessen, als ich ohne jeden Zweifel wußte, daß Gott mich berufen hatte, die Frau von Walter Trobisch zu sein. Ich war in den Savannen Westafrikas und ging einen einsamen Weg entlang, der zur Buschstation in Poli, Kamerun, führte. Walter und ich hatten uns kurz vorher in Illinois/USA kennengelernt, wo er als Austauschstudent an der Augustana war. Damals war

ich von seiner äußerlichen Erscheinung nicht übermäßig beeindruckt. Er entsprach nicht dem Traumbild meines zukünftigen Ehemannes. (Auch ich entsprach dem seinen nicht!) Dann ging ich zum
Studium nach Frankreich, um mich auf die Arbeit in Kamerun vor-
zubereiten. Während dieser Zeit schrieben wir einander und hatten
so Gelegenheit, uns besser kennenzulernen. Walter lud mich ein, als
er nach Deutschland zurückgekehrt war. Dort lernte ich sogar seine
wunderbare Mutter kennen. Auf dem Heidelberger Bahnhof sagten
wir uns dann good bye, ich nahm den Zug nach Frankreich, um in
Bordeaux mein Schiff nach Duala zu erreichen, und die einzige Gewißheit, die wir hatten, war das Wort unseres Pfarrers: »Ein Christ
ist jemand, der warten kann.«

Walter arbeitete als Jugendpfarrer in einer großen Gemeinde in
Ludwigshafen. Ich war intensiv damit beschäftigt, Französisch zu
unterrichten, den Kranken beizustehen, und die Sprache der Fulani
in Nordkamerun zu lernen. Jede Woche schickte mir Walter einen
kleinen blauen Luftpostbrief in deutscher Sprache. (Es war erstaunlich, wieviel Deutsch ich in diesen zwei Jahren lernte!) Er schrieb:

»Glaube ist ein Risiko mit Gott. Leben ist ein Risiko mit Gott.
Liebe ist ein Risiko mit Gott. Alles, was wir jetzt erlernen, wird vom
Herrn in irgendeiner Weise gebraucht werden. Nichts wird umsonst
sein. Die lange Dunkelheit, in der wir jetzt ausharren, wird zum hel-
len Licht werden; die Trennung wird zu einem Wieder-finden, schö-
ner als je zuvor. Das Salz wird in dieser Zeit, die wir jetzt erleben, in
unser Zeugnis gelangen – die Zeit der Trennung, der sicheren Ungewißheit, des blinden Fluges in eine eindeutige Richtung ...

Laß uns arbeiten, als ob es keine Liebe gäbe, und laß uns lieben,
als ob es keine Arbeit gäbe.«

Mit Walter konnte ich aufrichtig meine tiefsten Probleme teilen.
Eines dieser Probleme bestand darin, auf unserer isolierten Station in
Harmonie mit meiner Kollegin zu leben. Ich hatte immer schon ge-
hört, daß das größte Problem des Missionars der Missionar selbst ist.
Nun mußte ich mich diesem Problem stellen. Walter tröstete mich
sehr mit seinen Worten:

»Wir haben es nicht notwendig, immer zu fliegen. Dann würden
wir stolz und leichtsinnig. Aus diesem Grund ist es eine Gnade Gottes, wenn er uns Lasten auferlegt, die uns klein machen. Nur wenn

wir klein sind, können wir für Ihn arbeiten. Wenn wir wirklich demütig sind, werden uns solche Schwierigkeiten nicht unfruchtbar machen, sondern fruchtbar. Der Psalmist sagt: ›Wenn du mich demütigst, machst du mich groß.‹ Ohne Gewichte wird eine (mechanische Wand-)Uhr nicht funktionieren. Denke an 2. Korinther 4,7: ›Wir haben aber solchen Schatz in irdenen Gefäßen, auf daß die überschwengliche Kraft sei Gottes und nicht von uns.‹«

In Galater 6,2 wird uns gesagt, daß wir einander helfen sollen, die Lasten zu tragen. Das kann aber nicht bloß heißen, die Lasten einer anderen Person zu tragen, die er hat, sondern auch die Last, die er ist.

Prüfungen der Liebe

Wenn ich an jene Tage zurückdenke, kommt mir Walters Rat wieder zu Bewußtsein, den er als Seelsorger jungen Menschen mit auf den Weg gab. Woher können wir wissen, ob wir reif genug sind, das Ehegelöbnis zu sprechen? Reif genug für das Versprechen, unser ganzes Leben zusammenzubleiben, bis der Tod uns scheidet? Wenn Sex kein Test der Liebe ist, woher können wir es dann wissen? Walter hat folgendes vorgeschlagen*:

1. Der Austauschtest: Sind wir fähig, einander Anteil zu geben an unserem Leben: Schönes und Enttäuschendes, Pläne und Rückschläge miteinander zu teilen? Oder denke ich von mir her und auf mich hin? Möchte ich verstanden werden, statt zu verstehen? Will ich glücklich werden oder glücklich machen?

2. Der Energietest: Gibt uns unsere Liebe neue Energie zu schöpferischem Tun, oder macht sie uns träge und unschöpferisch?

3. Der Respekttest: Haben wir Achtung voreinander? Bin ich stolz auf meinen Partner? Würde ich ihn bzw. sie als Vater bzw. Mutter meiner Kinder wählen?

4. Der Annahmetest: Liebe nimmt den andern an, wie er ist, mit seinen Sitten und Gewohnheiten, sogar mit seinen Fehlern. Man kann nicht »auf Vorschuß« heiraten in der Hoffnung, daß sich dieses

---

* Walter Trobisch, *Heiraten - warum nicht?* Vandenhoeck 1974, S. 78–80

und jenes noch ändern werde. Also: Haben wir noch Traumbilder voneinander, oder nehmen wir einander an, wie wir sind?

5. Der Streittest: Wer sich trauen läßt, sollte sich schon gründlich gestritten haben. Es geht dabei um die Fähigkeit, sich offen miteinander auseinanderzusetzen und vorbehaltlos miteinander zu versöhnen. Daher: Können wir einander vergeben und nachgeben?

6. Der Zeittest: Ein Jahr ist das Minimum. Zwei Jahre sind sicherer. Ein altes englisches Sprichwort sagt: »Liebe muß gesommert und gewintert haben.« Falls du dir unsicher über deine Liebe bist – die Zeit wird es klären. Frage dich selbst: Hat unsere Liebe »gesommert und gewintert«? Kennen wir uns lange genug?

Sex ist deshalb kein Liebestest, weil diese Probe nichts über die Liebe aussagt und erst recht nichts darüber, ob die Liebe zur Ehe reif ist. Wir wollen uns doch an der sexuellen Vereinigung ungeteilt freuen können! Dazu gehört aber, daß sie mit Liebe und Ehe ein Ganzes bildet. Man kann die ganze Freude aber nicht an einem isolierten Teil erfahren.

Gewißheit der Liebe

Es gibt zwei Dinge, deren ich mir in meinem Erwachsensein sicher bin: Erstens bin ich ein Kind Gottes, und zweitens hat er mich dazu berufen, die Frau von Walter Trobisch zu sein. Dies bedeutete die Aufgabe meiner Träume. Dennoch war es die Erfüllung und sogar wesentlich mehr von dem, was ich zu träumen vermochte. Es gibt keine vollkommene Ehe. Die Unvollkommenheiten der Ehe machen uns bescheiden. Die sicherste Art, durch eigene Tugenden gedemütigt zu werden, ist die Heirat.

Wir verlobten uns aus großer Entfernung. Ich war noch in Kamerun und Walter war in Deutschland. Wir waren fast zwei Jahre in der Zeit und einen Kontinent in der Entfernung voneinander getrennt. Ich schrieb in einem meiner Briefe an Walter: »Ich möchte dir sagen, warum ich dich liebe. Wenn ich dich in Gedanken sehe, streckst du deine Hand nach mir aus. Ich vertraue deiner Hand, denn sie ist die Hand eines sicheren und schützenden Mannes. Es stimmt, daß du immer ein wenig vor mir hergehst. Aber wenn du merkst, daß ich außer Atem gerate und nicht ganz mithalten kann, bleibst du stehen. Du drehst dich um, gibst mir deine Hand und hilfst mir über die schwierigen Stellen. Dann komme ich dir sehr nahe; du sprichst zu mir und tröstest mich. Du machst dich nicht lustig über meine Gedanken.«

Was macht eine Ehe aus?

Im Laufe der letzten Jahre erkannten wir die Wahrheit von 1. Mose 2,24, daß nämlich die Ehe auf drei grundlegenden Stufen aufbaut: Vater und Mutter verlassen, einander in Liebe anhangen, ein Fleisch sein.

Vater und Mutter verlassen: Das ist der entscheidende erste Schritt: die Hochzeit, das offizielle Trauungszeremoniell, der gesetzlich vorgeschriebene Akt. Findet er nicht statt – wie bei vielen jungen Paaren, die sich entschlossen haben, nur zusammenzuleben –, dann entstehen die Probleme der sogenannten »gestohlenen Ehe«. Was passiert mit dem Kind, das in diesem Verhältnis empfangen wurde? Was passiert mit der jungen Frau, wenn ihr Freund sie verläßt? Ist sie eine »Witwe«?

Verlassen bedeutet auch das Durchschneiden der Nabelschnur, die das junge Paar mit den Eltern verbindet. Ich werde nie vergessen, was Walters Mutter bei dem Zusammensein im Hause unseres Pfarrers am Vorabend unserer Hochzeit sagte. Da sie sehr klein war, stand sie auf und erklärte mit fester Stimme:

»Hiermit verzichte ich auf den ersten Platz im Leben meines Sohnes und übergebe ihn an Ingrid.«

Sie hielt ihr Wort.

Jahre später sollten wir mehr und mehr beobachten, wie viele Ehen weltweit darunter leiden, daß sie das »Verlassen« niemals vollzogen haben.

Einander anhangen: Es gibt Ehemänner und Ehefrauen, die keine Zeit mehr füreinander haben. Der Mann vergißt seiner Frau zu sagen, daß sie die Nummer 1 in seinem Leben ist. Seine Arbeit ist das Wichtigste, vielleicht auch die Fußballspiele seines Clubs. Die Frau ihrerseits mag durch ihr neues Baby so stark beansprucht sein, oder auch durch ihren Beruf, daß sie weder Zeit noch Interesse für ihren

Mann hat. So kommt es zur leeren Ehe, in der sich die Räder nur noch mühsam drehen, weil Sand im Getriebe ist. Ich versuchte das einmal Walter zu erklären. Er befand sich auf einer langen Reise und war fern von zu Hause. Ich schrieb ihm:

»Wenn ich in Körper, Geist und Seele ganz mit dir eens sein kann, findet eine bestimmte Verklärtheit statt, die mir die Kraft gibt, alle Anforderungen des täglichen Lebens zu bewältigen. Dieses Erlebnis blieb mir aber zwischen deiner letzten Reise und dieser Reise vorenthalten. Du warst zu beschäftigt. Mir sank das Herz tiefer und tiefer, bis ich es kaum noch aushielt. Dann ist es schwer, dich gehen zu lassen. Manchmal glaube ich, daß diese unerfüllten Wünsche und Hoffnungen, die ich ja aus meinem Herzen und meiner Seele nicht herausschneiden kann, eine Art Opfergabe sind, die die gemeinsame Zeit fruchtbarer werden lassen.«

Wer fähig ist, seine Gefühle auszudrücken, ist dem Geheimnis des »Anhangens« in Liebe ganz nah. Ich erinnere mich an die großartige Erkenntnis für uns beide, daß Gefühle weder richtig noch falsch sind. Gefühle sind einfach. Ich konnte meine Gefühle vor Walter einfach aussprechen. Ich mußte mich nicht von ihnen bedroht fühlen oder mich verteidigen und sagen: »So sollte ich nicht fühlen.« Nur wenn ich meine Gefühle zum Ausdruck brachte, konnte Walter mir helfen, sie zu beruhigen und Dinge wieder ins Lot zu bringen.

Ich habe noch immer die Betrachtungen, die Walter während unserer Verlobungszeit über die Liebe geschrieben hat:

»Derjenige, der liebt, ist nicht mehr alleine. Derjenige, den er liebt, ist ständig in seiner Gegenwart. Er entsagt dem Recht, im Mittelpunkt seines eigenen Lebens zu stehen. Er gestattet jemandem anderen, diese Mitte zu betreten, und empfindet dies als ein süßes Schicksal. Er gibt sich selbst auf und läßt sich gehen. Er wird leer wie eine offene Hand, die nichts hält, sondern darauf wartet, daß etwas hineingegeben wird. Derjenige, der liebt, hat den Mut, ein ›Brauchender‹ zu werden.«

Dr. Tournier spricht von dem »tauben Dialog«, wenn Ehepaare den vergeblichen Versuch machen, sich zu verständigen. Lieben bedeutet hören. Manchmal können wir nicht auf unseren Partner hören, sondern nur auf unseren eigenen Schrei. Doch jeder will, daß man ihn hört.

Ein Fleisch sein

Die körperliche Liebe ist der intimste Bereich im Leben eines Ehepaares. Kein Mann ist wie der andere. Keine Frau ist wie die andere. Deshalb ist jedes Paar doppelt anders, als ein anderes, und so unterschiedlich ist auch das Vergnügen an sexueller Liebe bei jedem Paar – das hängt mit seiner Originalität zusammen. Es ist eine große Erleichterung zu wissen, daß Sexualität eine 20jährige Aufwärmphase braucht, wie Charlie Shedd einmal sagte. Ein Ehepaar ist dann wirklich befreit, wenn es von dem Zwang erlöst ist, hier Leistungen vollbringen zu müssen; wenn es lernt, die Freuden an entspannter und müheloser Sexualität zu genießen. Sie brauchen dann keine Zuschauer mehr zu sein; sie können sich ganz gehen lassen und sich ihren Empfindungen hingeben.

Als Gott Menschen nach seinem Bilde schuf, schuf er sie als Mann und Frau. Er machte Eva aus der Rippe ihres Ehemannes und brachte sie ihm. Gibt es eine bessere Art, das große Verlangen nach dem »Ein-Fleisch-Sein« von Mann und Frau zu begründen?

Geborgenheit in der Ehe

Und das bringt mich auf das Thema der »Geborgenheit« in der Ehe. Ich habe Ehemännern oft gesagt, daß die größte erogene Zone am Körper ihrer Frauen ihr Herz ist. Nur was zum Herzen gelangt (normalerweise über die Ohren), wird einer Frau ermöglichen, in der körperlichen Vereinigung ihr Ganzes hinzugeben und Befriedigung zu finden.

Dr. Bovet vergleicht die Liebe des Ehemannes mit einem warmen Umhang. Solange sich die Frau von ihm umschlossen fühlt und in diesem Umhang eingewickelt bleibt, ist sie in der Lage, sich selbst vollkommen und bedingungslos ihrem Mann hinzugeben, sowohl körperlich als auch geistig. Um ihr das Gefühl der Geborgenheit zu geben, muß der Mann lernen, daß es nicht unmännlich ist, seine Gefühle auszudrücken. Wenn seine Worte und Liebkosungen mit der Einstellung seines Herzens übereinstimmen, werden sie der Frau die Botschaft vermittteln: »Ich werde geliebt.«

Oft wird jedoch eine Lieblosigkeit, ein Vorwurf, ein rauhes oder rücksichtsloses Wort ein Loch in den Umhang reißen. Schmerz und Ärger rauben dann der Frau das Gefühl der Geborgenheit und des Eingehülltseins in die Liebe des Mannes. Dann wird es für sie nicht möglich sein, sich in der körperlichen Vereinigung vollkommen hinzugeben.

Schweigen flickt aber die Löcher nicht. Sexualität heilt kein verwundetes Herz, es wäre ein nutzloser Versuch. Der einzige Weg der Wiedergutmachung ist das Gespräch und der ehrliche Austausch über das, was schmerzt, und die gegenseitige Vergebung. Ärger, der nicht ausgesprochen wird, kann zum eingefrorenen Ärger werden, eine häufige Ursache für Depressionen.

Wenn ein Ehemann den Versuch unternimmt, die Löcher in dem Umhang, durch die der Wind bläst, zu flicken, so gewinnt die Frau etwas Wesentliches für ihre Fähigkeit, sich hinzugeben: Zuversicht und grundlegendes Vertrauen. Wie ein Vogel sich der Luft übergibt, wenn er fliegt, und der Fisch dem Wasser, wenn er schwimmt, so wird sie sich ihrem Mann anvertrauen können.

Die Fähigkeit der vollkommenen Hingabe ist das tiefste Geheimnis der Frau. Dazu muß sie jedoch zuallererst sich selbst annehmen und lieben und von tiefer Dankbarkeit erfüllt sein, daß sie eine Frau ist. Dieses Selbstvertrauen und das vollkommene Zutrauen in die behütende Liebe ihres Mannes würde sie dazu befähigen, von einer Klippe zu springen – ohne den geringsten Zweifel in ihrem Herzen, daß ihr Mann zur Stelle sein wird, um sie aufzufangen. Es ist wie das Tauchen – eine gute Illustration dessen, was die Frau während des Liebesaktes empfindet. Sie taucht ohne zu zögern in das tiefe Wasser. Sie hat keine Angst, denn sie weiß, daß ihr liebender Mann auf sie warten wird, um sie mit offenen Armen zu empfangen.*

* Ingrid Trobisch, *Mit Freuden Frau sein*, Kapitel 2

Selbstmitleid

Selbstmitleid ist Gift für die Ehe. Wenn Frauen oder auch Männer in ihrem Schmollwinkelchen sitzen, weil sie sich von ihrem Partner gekränkt fühlen, dann läuft gar nichts mehr.

Neulich sprach ich mit einem Ehepaar. Die junge Frau hatte die Angewohnheit, sich im Schlafzimmer einzusperren, wenn ihre Gefühle verletzt waren. Sie begründete dies auf folgende Weise: »Wenn mich mein Mann wirklich liebt, dann wird er auch ohne meine Worte wissen, daß ich verletzt bin.«

Ich mußte ihr etwas ganz anderes sagen: »Meine Liebe, der arme Mann ist ahnungslos! Er liebt dich, das weiß ich bestimmt. Aber du mußt ihm sagen, wenn er etwas getan hat (oder vergessen hat zu tun), was dich verletzt! Nur ein Baby hat das Recht, ohne Worte verstanden zu werden, nicht aber eine erwachsene Frau.«

Das Geheimnis der Ehe

Ein gut bekannter Pfarrer sagt zu den Paaren, die von ihm getraut werden wollten: »Wenn ihr einen Anhaltspunkt haben wollt, wie eure Ehe sein wird und wie ihr daran arbeiten müßt, dann (auf den Mann zeigend) stell dir vor, dein Vater sei mit ihrer Mutter verheiratet und (auf die Frau zeigend) stell dir vor, dein Vater wäre mit seiner Mutter verheiratet.« Dieser Anstoß führt immer zu interessanten Antworten. Auch wenn jemand ganz bewußt den Stil oder die Persönlichkeit seines eigenen Elternteils ablehnt, so kann er sich doch nicht von dessen Beeinflussung lösen. Ein jeder von uns ist Kind seiner Eltern, und das ist das »Rohmaterial«, das wir in unsere Ehe mitbringen. Am Tag der Hochzeit hat ein Paar sozusagen zwei Häufchen Rohmaterial und ein freies Grundstück; und daraus müssen sie nun ihre Ehe aufbauen. Das ist harte Arbeit. Es bedeutet, sich selbst und seinen Partner samt allen Eigenarten zu akzeptieren.

Die Ehe ist kein Ziel, sondern eine Reise. Ehe ist »Verlassen«, »Anhangen« und »ein Fleisch sein«, wovon ich vorher schon gesprochen habe. Vor allem aber ist die Ehe ein Geheimnis. Denn Liebe überzeugt ein Paar davon, daß es die größte Romanze erleben wird, die es je gab, und daß sich nie zuvor zwei Menschen so sehr lieben wie sie. Um dies unter Beweis zu stellen, würde das Paar alles tun. Die Ehe ist aber die nüchterne Dimension der Romanze; sie ist die Übertragung eines romantischen Gemäldes in teure Realität. So beschreibt sie Mike Mason.*

Paulus sagt: »Dieses Geheimnis (er meint die Ehe) ist groß; ich rede aber von Christus und der Gemeinde« (Epheser 5,32).

Die Ehe ist wie der Blick in einen Spiegel. Wenn wir die Liebe Christi zur Gemeinde Gottes betrachten, für die er ja in den Tod gegangen ist, so gewinnen wir ein Bild von Gottes Willen über das Zusammenleben von Mann und Frau.

Wenn Mann und Frau nach dem Willen Gottes leben, wird ihre Ehe ein Spiegel, eine Reflexion der Liebe Christi.

Dieses Geheimnis ist groß.

Fragen:

1. Was bedeutet für Sie die Meinung des Autors, daß Ehe Berufung sein soll?

2. Wenn Sie noch unverheiratet sind und vor einer Verabredung stehen – was bedeutet für Sie der sechsfache Test dieses Kapitels? Wenn Sie verheiratet sind – wie steht Ihre eheliche Liebe zu den ersten fünf Teilen? Was können Sie davon anwenden? Was können Sie für die Schwachstellen Ihrer Liebe daraus entnehmen?

3. Bedenken Sie die drei Hauptelemente für die Eheschließung aus 1. Mose 2,24: Ein Eheberater meinte, daß auf die Nichtbeachtung dieser drei Elemente nahezu alle Eheprobleme zurückgeführt werden könnten.

4. Ehe ist kein Ziel, sondern eine Reise – was könnte dieser Satz jungen Ehepaaren heute sagen?

* Mike Mason, *The Mystery of Marriage*, Multnomah Press, Portland, 1985, S. 45

7. Die Herausforderung der Kinder

Im Rückblick auf mein Leben erkenne ich, daß meine Kinder gleichzeitig meine besten Lehrer waren und daß ich noch immer von ihnen lerne.

Die erste Lektion, die ich zu lernen hatte, war die Annahme der Tatsache, daß ich selbst vielleicht nie ein Kind haben würde. Ich mußte lernen, daß eine Ehe auch ohne Kinder erfüllt und vollkommen sein kann. Gottes Definition der Ehe in 1. Mose 2,24 – Verlassen, Anhangen und ein Fleisch sein – erwähnt nichts von Kindern. Sie sind ein Segen von Gott – sie sind jedoch ein zusätzlicher Segen.

Heute wird jedes fünfte Paar Schwierigkeiten haben, ein Kind zu empfangen und auszutragen. Vor einer Generation betrug dieses Verhältnis noch eins zu zehn. Es gibt viele Gründe für diese anwachsende Schwierigkeit. Ein Grund liegt sicherlich in dem Aufschieben der Bereitschaft für Kinder, nämlich der Gebrauch von oralen Verhütungsmitteln über einen längeren Zeitraum. Dr. Rudolf Vollman, einer der bedeutendsten medizinischen Experten auf dem Gebiet des Menstruationszyklus, sagte einmal, daß die Einnahme von oralen Verhütungsmitteln dem Erschlagen eines Flohs mit einem Vorschlaghammer gleichkommt.

Ein weiterer Grund für die Schwierigkeit der Empfängnis von Kindern ist die Endometritis, ein innerer Belag des Uterus. Schon im Alten Testament wird von der Schwierigkeit der Empfängnis berichtet. Möglicherweise lag der Grund der Kinderlosigkeit jener Frauen darin, daß sie (wie viele junge Frauen) einen kurzen Monatszyklus hatten. Nach jüdischem Gesetz war es jungen Paaren nicht gestattet, vor dem siebten Tag nach dem letzten Tag der Menstruation geschlechtlich zu verkehren. Es wäre möglich, daß zu diesem Zeitpunkt die fruchtbare Phase bereits vorbei war.

Der bedeutendste Moment im Leben eines jungen Ehepaares ist nach meiner Überzeugung die bewußte und gewollte Empfängnis eines neuen Lebens. In diesem Moment sind sie eins mit dem Schöpfer. Ich bin außerdem davon überzeugt, daß es mit Hilfe der heutigen Wissenschaft möglich ist, junge Paare darin zu unterrichten, die Zeichen der fruchtbaren Phase zu erkennen und in Harmonie mit ihnen zu leben. Dies ist eine ergiebige Quelle von verborgenen Kräften in der ehelichen Beziehung. Ich schreibe ausführlich darüber in meinem Buch »Mit Freuden Frau sein«.

Ein junges Ehepaar, das über ein Jahrzehnt kinderlos war, konnte unerwarteterweise ein Kind adoptieren. Als mir die Mutter ihre Freude darüber schrieb, schloß sie diesen Brief mit ein. Er ist an ihren Sohn gerichtet. Es ist ein tiefgehendes Zeugnis der Gefühle von jungen Ehepaaren, die selbst keine Kinder bekommen können:

Kleines,
Wie kostbar du bist!
Ein Wunder bist du.

Wir halten unsere Ohren an deinen Mund,
um dich atmen zu hören.

Wir bewundern deine strampelnden Beine.
Aus deinen großen Augen strahlt uns
die Güte Gottes entgegen,
der dir das Leben gab.

Jeden Tag staunen wir,
daß du mit uns bist –
daß du unser bist –
daß du in unserer Familie bist.

Du bist in einer unerwarteten,
unberechenbaren,
ungeplanten,
unvorhersehbaren Weise . . .
(zu uns). . . gekommen.

Gott hat dich von allem Anfang an gekannt
und hat dein Heranwachsen bewahrt.
Er hat dir das Leben gegeben
und dich mit uns in dieser Weise verbunden –
ohne zu fragen, welche Sicherheit wir dir bieten können;
es genügte unser: »Ja, wir nehmen ihn!«

Kleines,
wir heißen dich mit großer Freude willkommen.
Alle unsere Spekulationen auf Adoption
hast du durcheinander geworfen.
Nun spiegelt dein Lächeln unsere große Freude an dir wider.

Aber Kleines,
wirst du jemals verstehen,
warum unsere Freude so groß ist?
Weil wir zuvor so traurig waren.
Wirst du eines Tages unsere Tränen ermessen können,
den Schmerz unserer Herzen,
unsere geistigen und seelischen Qualen,
unsere Mutlosigkeit darüber,
daß wir kinderlos sein würden
in einer Welt mit fruchtbaren Menschen?

Wirst du eines Tages
die Härte der monatlichen Frustration
eines unvollkommenen Körpers empfinden können,
der nicht funktioniert;
als wir nämlich damit rechneten,
uns in Kindern fortzupflanzen?

Wirst du eines Tages
die medizinischen, finanziellen, sozialen
und emotionalen Konsequenzen ermessen können,
die wir auf uns nahmen,
als wir Gott wiederholt darauf aufmerksam machten,
daß wir »zur Verfügung stehen«,
wenn er durch uns neues Leben schaffen will?

Wirst du jemals
den quälenden Zweifel empfinden, daß du,
während wir miteinander spielen,
vielleicht niemals mit einem Bruder
oder einer Schwester spielen wirst?
Eine Adoption ist heut ein kompliziertes Unternehmen;
und wir – deine Eltern – werden nicht jünger;
und um unsere biologischen Möglichkeiten
ist es nicht gut bestellt.

Kleines,
auch wenn wir dich halten und liebkosen –
Unfruchtbarkeit demütigt; sie begleitet uns.
Man weiß: Wir sind ein unfruchtbares Ehepaar.
Aber durch Gottes Güte
sind wir deine Eltern.

Du bist der lebende Beweis dafür,
daß »denen, die Gott lieben,
alle Dinge zum besten dienen«,
und daß wir »dem Bilde seines Sohnes gleich sein« sollten.

Für ihn ist es nicht am wichtigsten,
daß wir fruchtbar sind und Eltern werden.
Wir sollen Christus ähnlicher werden.
Und sicher will Gott dich, Kleines,
dazu gebrauchen, uns dabei zu helfen.
Schon jetzt hast du uns eine Dimension der Liebe gezeigt,
von der wir nicht wußten, daß es sie gibt.

Wir sind dankbar
und freuen uns über dich.
Wir sind aber auch sehr bedacht auf das Unbekannte,
das in unserer Beziehung mit dir noch vor uns liegt.

Durch Gnade bist du zu uns gekommen,
durch Gnade werden wir beide fortfahren,
dich zu lieben und in Jesu Namen für dich zu sorgen.

Ob du wohl eines Tages
die Bedeutung der Gnade Gottes erfassen wirst,
die dich in unsere Familie brachte?

Und ob du, Kleines, eines Tages
die Bedeutung der allergrößten Gnade erfassen wirst –
Gottes Willen, dich in Seine Familie aufzunehmen?

Es ist ein Wunder, daß du unser bist . . .
ein viel größeres Wunder jedoch, daß du Sein bist.

Das Wunder der Geburt

Das Urteil der Ärzte gab uns wenig Hoffnung auf eigene Kinder.

Ich fand jedoch Trost in der Geschichte von Hanna, jener He-
bräerin, die im 1. Buch Samuel beschrieben wird. Sie war beharrlich
in ihrem Gebet. Sie gab nicht auf. Und Gott erhörte sie. Ihren Lobge-
sang, den sie anstimmte, als sie ihren Sohn Samuel in das Haus Gottes brachte – »Mein Herz ist fröhlich in dem Herrn. . .« –, zitierte
tausend Jahre später Maria, als sie wußte, daß sie die Mutter des Er-
lösers sein würde. In meiner Bibel unterstrich ich den kurzen Satz in
1. Samuel 2,21: »Und der Herr suchte Hanna heim, daß sie schwanger ward, und sie gebar noch drei Söhne und zwei Töchter.«

Ich war in meinem dreißigsten Lebensjahr, als unsere erste Tochter, Katrine, zur Welt kam. Nach ihrer Geburt segnete uns Gott mit
drei Söhnen, Daniel, David und Stephen, und mit unserer jüngsten
Tochter Ruth.

»Die Geburt eines Kindes sollte zur Stunde der größten Ehre und
Würde für die Frau werden«, sagte Pierre Vellay, ein Pionier auf dem
Gebiet der »natürlichen Geburt«. Er fuhr fort: »Es sollte ein wirklicher Schritt vorwärts sein, nicht nur zur Befreiung der Frau, sondern
auch zur Befreiung des Paares.« Wo immer Walter und ich weltweit
»Family Life«-Seminare durchführten, propagierten wir die »natürliche Geburt«; die aktive Teilnahme des Mannes bei der Geburt als
emotionale und geistige Bereicherung der Ehe. Ein Mann, der seine
Frau während der Stunden der Wehen begleitete und dann während
der Geburt ihres gemeinsamen Kindes dabei war, schrieb: »Ich wer-

de die Freude dieses Momentes nie vergessen, auch wenn ich tausend Jahre alt werden sollte!« »Geburt – um der Freude willen!« ist der Wahlspruch einer Organisation von Ehepaaren in Los Angeles. Wenn eine Geburt wirklich als »Freudiges Ereignis«, als frohmachendes Erlebnis eines Wunders empfunden wird, wird sich das auch auf die Haltung dem Kind gegenüber auswirken.

Doula – das Bemuttern der Mutter

Ich habe eine gute Freundin in Deutschland, die nach zwei Jahren Ehe verwitwet wurde. Reinhild hatte nie ein eigenes Kind. Während meiner ersten Schwangerschaft schrieb sie mir jede Woche. Trotz unserer Trennung über Kontinente hinweg – ich arbeitete als Missionarin mit meinem Mann auf einer Buschstation in Nordkamerun – empfand ich ihre Briefe als liebevolle Unterstützung in einer Zeit, als ich sie sehr brauchte. Sie liebte auf eine besondere mütterliche Weise. Als ich sie eines Tages fragte: »Wie kann man das Lieben lernen?« antwortete sie: »Indem du dich selbst lieben läßt.«

Dieses emotionale Bedürfnis, sich lieben zu lassen, ist für eine junge Mutter nie größer als in den Monaten der Schwangerschaft, der Zeit der Geburt, des Stillens und beim Zurechtkommen mit kleinen Kindern. Sie brauchen Menschen, die ihnen Liebe erweisen. Für diese Aufgabe möchte ich das Wort »DOULA« gebrauchen. Es kommt von dem griechischen Wort »DOULOS«, welches Diener bedeutet. Ein »DOULA« in diesem Fall bedeutet für mich »jemand, der die Mutter bemuttert«. Ich war sehr dankbar, daß Walter mir beistand, aber auch für Reinhild, die nicht nur während meiner ersten Schwangerschaft, sondern auch in den folgenden jene Rolle der Doula übernahm. Ihre Liebe war eine sichtbare Form der Liebe Christi zu einer Zeit, als ich ihrer dringend bedurfte.

Ich freue mich immer, wenn ich von aktiven Gemeinden höre, wo ältere Frauen die jungen Mütter bemuttern. Sie bringen ihnen in den ersten kritischen Tagen nach der Geburt das Essen nach Hause; später geben sie einmal die Woche auf die Kinder acht, damit die Mutter ausgehen und sich erholen kann; sie schauen immer mal nach, was gerade zu tun ist.

Neulich sollte ich zu einer Frauengruppe sprechen, die sich jeden zweiten Dienstag im Monat trifft. Eine Gruppe älterer Frauen sorgt dann für die Kinder und kocht das Mittagessen im Gemeindehaus, um den jungen Frauen die Möglichkeit des ungestörten Bibelstudiums und Austausches zu gewähren. Nach dem gemeinsamen Mittagessen, wenn die jungen Frauen mit ihren Kindern nach Hause zurückkehren, treffen sich die älteren Frauen zum Bibelstudium und zum Austausch. Es ist klar, warum diese Gemeinde wächst.

Martin Luther sagte: »Wenn du ein Kind siehst, so siehst du Jesus Christus.« Hatte Jesus nicht selbst gesagt: »Und wer ein solches Kind aufnimmt in meinem Namen, der nimmt mich auf« (Matth. 18,5)? Ein Häuptling der Dschagga, eines Bantustammes, er war wie ich am Fuße des Kilimanjaro zur Welt gekommen, sagte einmal zu seinen Männern: »Behütet die schwangere Frau gut. Sie ist die wichtigste Person unseres Stammes.« Welche Auswirkungen hätte es auf unsere Gesellschaft, wenn wir diesen Rat befolgten?

Die » Wartung« der Mutter

Neulich las ich in einem Kirchenblatt diesen kurzen Artikel über die »Wartung der Mutter«. Den Artikel hatte William E. Keller geschrieben:

»Viele von uns sorgen besser für ihre Autos als für ihre Mütter. Dennoch erwarten wir von unseren Autos, daß sie fünf bis sechs Jahre lang halten. Von unseren Müttern jedoch erwarten wir, daß sie ein Leben lang zur Verfügung stehen. Vielleicht brauchen wir eine »Wartungsanleitung« für unsere Mütter, damit wir besser oder zumindest so gut für sie sorgen wie für unsere Autos.

Der Motor: Der Motor einer Mutter ist von höchst zuverlässiger Art. Er erreicht Spitzengeschwindigkeit aus der Waagerechten bei nur einem Schrei eines schlafenden Kindes. Regelmäßige Bremsungen wären notwendig, um diese Spitzenleistung zu gewährleisten: Mütter brauchen ein heißes Bad und ein Schläfchen alle 100 Meilen, einen Babysitter und einen Abendausgang alle 1000 Meilen, und einen Vollzeit-Babysitter mit einwöchigem Urlaub alle 10 000 Meilen.

Batterie: Die Batterie der Mutter sollte regelmäßig aufgeladen werden. Selbstgefertigte Gegenstände, Grußkärtchen, unerwartete Umarmungen und Küsse und häufige »Ich liebe Dich«'s sind dafür sehr gut geeignet.

Vergaser: Wenn der Vergaser einer Mutter tuckert, sollte er sofort mit Papiertaschentüchern und einer sanften Schulter behandelt werden.

Bremsen: Gib darauf acht, daß sie ihre Bremsen häufig dazu benutzt, um langsamer zu werden. Gelegentlich sollte sie zum Stillstand kommen.

Treibstoff: Die meisten Mütter funktionieren auf unbegrenzte Zeit mit Kaffee, Mahlzeitresten und Salaten; ein gelegentliches Essen zu zweit in einem guten Restaurant wird jedoch die Leistungsfähigkeit entscheidend verbessern.

Fahrwerk: Mütter werden besser funktionieren, wenn ihre Körper korrekt gewartet werden. Sie sollten zu regelmäßigen körperlichen Übungen ermutigt werden – die Möglichkeiten dazu sollten zur Verfügung gestellt werden. Ein Wechsel der Haartracht oder des Make-ups im Frühling und im Herbst sind hilfreich. Wenn du merkst, daß das Fahrwerk nachzugeben beginnt, so starte ein sofortiges Programm des Spazierengehens, Laufens, Schwimmens und des Radfahrens. Zusammen mit Vätern sind diese besonders effektiv.

Einstimmen des Motors: Mütter müssen regelmäßig eingestimmt werden. Komplimente sind sowohl die günstigsten als auch die effektivsten Mittel, damit eine Mutter auf Touren laufen kann.«

Das schreibt ein Mann. Er scheint nicht zu wissen, daß eine Mutter mindestens genauso dringend wie Komplimente Gespräche braucht – das Gespräch mit ihrem Mann, mit Freunden, mit anderen Frauen. Die Ernsthaftigkeit solcher Gespräche, die dafür vorgesehene Zeit, Konsequenzen aus solchen Gesprächen sind sicher nicht weniger effektiv als Komplimente. Nichts jedoch ist so wirksam wie der kleine Satz: »Ich liebe dich!«

Fragen:

1. Können Sie sich eine kinderlose Ehe genauso vollständig denken wie eine mit Kindern? Warum – oder warum nicht?

2. Nennen Sie mindestens sechs spezifische emotionale Bedürfnisse einer jungen Mutter während der Schwangerschaft und während des ersten Jahres nach der Geburt.

3. Kennt Ihre Gemeinde ein Programm »Mütter für junge Mütter«? Nennen Sie sechs Dinge, mit denen Sie und Ihre Freunde jungen Müttern in Ihrer Gemeinde oder Nachbarschaft helfen können. Sprechen Sie mit ihrem Pastor über ein solches Programm.

8. Familie
und Dienst

»Wenn du noch einmal leben könntest, was würdest du an deinem Leben und an deinem Dienst ändern?« wurde Walter in seinem letzten Lebensjahr von einem Freund gefragt.

»Ich würde mein Heim mein Heim sein lassen«, war seine Antwort. Er erklärte, was er meinte: »Ich würde meiner Familie nicht mehr die Bürde auferlegen, seelsorgerliche Fälle in ihren vertrauten Kreis aufzunehmen.«

In der Tat: Unsere Familie war immer »verlängert«. Es gab nur wenige Mahlzeiten, an denen nicht ein Gast mit an unserem Tisch saß. Ich weiß, daß dadurch viele Menschen verändert wurden; für mich war es jedoch zeitweise schwierig, Mann und Kindern das Heim zu bieten, das sie brauchten. Auch für unsere Kinder war dies nicht leicht – obwohl es natürlich auch oft ihre eigenen Freunde waren, die sie mit nach Hause brachten und die dann unseren Familienkreis vergrößerten. Was den Eltern recht war, warum sollte das Kindern nicht billig sein!

In anderen Fällen waren wir die Gäste, und andere hatten dasselbe Problem. Ich erinnere mich daran, wie die kleine Tochter einer äußerst gastfreundlichen deutschen Pfarrersfamilie zu ihrem Vater sagte, als die Mahlzeit beendet war: »Am Heiligabend wird es aber nur unsere Familie sein, nicht wahr, Vati? Du hast es versprochen, weißt du noch?« Ich wußte ganz genau, was sie fühlte.

Wenn ich jetzt zurückblicke, bin ich zutiefst dafür dankbar, daß wir stets ein offenes Haus hatten, daß wir also als Familie Gastfreundschaft üben lernten. Wir wurden bereichert und haben oft ohne unser Wissen »Engel beherbergt«, wie es in Hebräer 13,3 heißt. In unserem kleinen Haus am Lichtenberg, umgeben von vier Bauernfamilien, kam der Himmel oft zur Erde herab: wenn ein junger Mensch sein Leben Christus übergab; wenn ein Paar neue Kraft für seine Ehe schöpfte. Dasselbe geschieht jetzt, wenn ich mein »Haus der Geborgenheit« in den Ozarks mit anderen teile.

Ich wurde neulich wieder auf die Bedeutung eines offenen Hauses aufmerksam, als ich in unserem Gästebuch las. Eine junge amerikanische Frau, die uns am Lichtenberg besuchte, nachdem sie ihren Dienst in Taiwan an der Universität als Englischlehrerin beendet hatte, schrieb:

»Ich glaube, Du weißt nicht, was es für mich bedeutete, in Deinem Heim zu leben. Vielleicht hast Du das schon oft gehört, aber Dein Haus strahlt Wärme aus und scheint von einem besonderen Frieden umgeben zu sein. Der Herr weiß immer, wo wir uns befinden, körperlich und geistig, und Er kennt unsere Bedürfnisse; mehr noch, Er weiß, wie sie zu befriedigen sind. Dieses letzte Jahr empfand ich wie den Gang durch eine Wüste, mit nur soviel Wasser und Verpflegung, als ich an Vorräten vor meiner Reise gesammelt hatte. Gott hat mich sogar wissen lassen, daß dies eine schwierige Reise werden würde. Er rüstete mich mit allem Notwendigen aus und sagte dann: 'Wenn du alle deine Vorräte aufgebraucht hast, dann hast du nur noch mich.' Und dann ging ich nach Taiwan. Mensch – war diese Wildnis trocken und einsam und voller Löcher, Sand, Unkraut, Ungeziefer . . . Ich weiß jetzt, was es heißt, ohne Wasser im gewohnten Überfluß zu haben, leben zu müssen. Das Schwerste aber war die Ungewißheit darüber, ob ich jemals wieder diese grünen Plätze sehen würde. Wie konnte ich nur an Gottes Gnade und Liebe zweifeln? Ich ahnte nicht, daß ich noch auf dieser Reise auf eine Oase stoßen würde – den Lichtenberg. Das Essen, die Ruhe, das Wasser, die Luft – welche Kräfte habe ich in dieser Oase bereits gewonnen! Wie gern saß ich einfach und hörte Dir über alles mögliche zu, und mir schien, als ob jedes Deiner Worte einen ganzen Gedankenblock aus meinem ausgetrockneten Gehirn herauslöste. Ich glaube nicht, daß ich jemals so vieles in so kurzer Zeit gelernt habe; nicht nur über die Wahrheit und andere Menschen, sondern auch über mich selbst, und über meine Berufung. . . . Eines noch, Ingrid: Waren all Deine wunderschönen und kostbaren Blumen einmal Unkraut?«

Das Risiko der Gastfreundschaft

Gäste für einige Tage in unserem Haus aufzunehmen, war mit Risiken verbunden. Ich kann mich noch gut an eine junge Frau erinnern, die uns in ihren Briefen um Hilfe bat. Wir beantworteten getreu ihre Briefe. Eines Tages sagte Walter zu mir: »Es wird Zeit, daß wir Miriam (nicht ihr wirklicher Name) zu uns einladen. Sie braucht einige persönliche Gespräche. Bist du damit einverstanden?« Unser kleines Haus war bereits überfüllt mit unseren Kindern und Walters alter Mutter, die ständiger Fürsorge bedurfte. Zögernd stimmte ich zu, Miriam einzuladen. Sie sollte in einem Gastzimmer bei unseren Nachbarn bleiben und die Mahlzeiten mit uns einnehmen.

Miriam traf ein. Obwohl sie als Lehrerin ständig mit vielen Kindern beschäftigt war, hatte sie selbst in ihrem Leben nur sehr wenig Hilfe erfahren. Walter arrangierte seinen Zeitplan so, daß er ihr täglich vor dem Mittagessen eine Stunde widmete. Er gab ihr viel zu lesen auf (wir beide glaubten an Bibliotherapie), und sie kämpfte sich durch die Fragen über ihren Glauben und ihre persönliche Lebensübergabe, die Walter ihr aufgegeben hatte. Als ich eines Tages meine Familie zum Mittagessen rief, erschien Miriam nicht.

»Ist sie krank?« fragte ich Walter.

»Nicht wirklich«, sagte er. »Ich denke, es wäre gut, wenn du ihr das Essen auf ihr Zimmer bringst. Sie hat dir etwas zu sagen.«

Wir beendeten unsere Mahlzeit. Ich bereitete das Tablett mit dem Essen vor und klopfte an Miriams Tür. Sie war in Tränen.

»Was ist denn los, Miriam?« fragte ich sie.

»Etwas Schreckliches«, sagte sie.

»Kannst du mit mir darüber sprechen?«

Dann platzte es aus ihr heraus: »Frau Trobisch, ich bin in ihren Mann verliebt.«

Mein Herz fühlte mit Miriam. Sie gehörte einer ganzen Generation junger Frauen in Deutschland an, die nach dem zweiten Weltkrieg ohne Vater aufwachsen mußten. Wegen der im Krieg gefallenen Männer war das Verhältnis Männer zu Frauen auf eins zu sieben angewachsen. Oder, wie es bei Miriam der Fall war, diese jungen Frauen wuchsen mit einem kalten und unnahbaren Stiefvater auf. Wenn dann ein väterlicher Mann sie ernst nahm, ihnen zuhörte, wenn sie über ihre Probleme sprachen, mit ihnen nach Lösungen suchte, die jungen Frauen bestätigte und ihnen Komplimente machte, so bedeutete dies bereits einen Teil des Heilungsprozesses. Miriam mußte nur noch lernen, ihre Zuneigung von dort auf ihren liebenden himmlischen Vater zu übertragen.

Als eine vaterlose Tochter war ich ebenfalls durch diese Schwierigkeiten gegangen. Ich war dadurch in der Lage, Miriams Herz zu beruhigen.

»Ich kann deine Gefühle verstehen, Miriam«, sagte ich. »Ich liebe Walter auch.«

Wir wurden gute Freunde, und als die Zeit des Abschiednehmens für sie kam, sagte sie: »Kann ich nicht bleiben und dir helfen? Vor dem nächsten Schuljahr habe ich noch einige Tage Urlaub, und ich sehe, daß du eine Menge zu tun hast.« Sie hielt abwechselnd mit uns an Muttis Krankenbett Wache und war wenige Stunden vor deren friedvollem Tod noch bei ihr.

»Nun habe ich keine Angst vor dem Tod«, sagte sie. »Ich habe einen Christen sterben sehen.«

Qualität oder Quantität in der Zeit

Wie fanden wir Zeit für unsere Kinder in unserem zeitaufwendigen Dienst des Schreibens und des Lehrens? Es gibt dafür keine fertigen Antworten wie etwa diese: Verwandle deine quantitativ knappe Zeit in qualitativ reiche Zeit! Kinder brauchen Zeit – auch Zeit in Quantität!

Für mich hatten meine Kinder als Babys und im Vorschulalter oberste Priorität. Ich war sehr darauf bedacht, viel Zeit mit ihnen zu verbringen. Schon beim Stillen lernen Mutter und Kind, als Team zusammenzuarbeiten. Ich habe beobachtet, wie diese in den frühen Monaten des Stillens erlernte Einheit bis in die Kindheit hinein weiter besteht.

Als unsere Kinder das Schulalter erreichten, konnte ich Walter einmal im Jahr auf einer seiner Lehr-Reisen nach Afrika begleiten. Das bedeutete Trennung von unseren Kindern. Wir versuchten diese Trennung mit einer gemeinsamen Campingfahrt im Sommer zu belohnen. Dabei machten wir heitere Erfahrungen, als wir in zwei VW-Käfern aufbrachen, mit zwei Zelten und der ganzen Campingausrüstung für sieben Leute. Einmal fuhren wir sogar nach Schweden, wo wir meinen schwedischen Wurzeln nachforschten. Und wenn wir dann wieder zu Hause ankamen, waren wir noch immer guter Dinge miteinander.

Neulich hörte ich, wie mein Sohn Stephen mit seinem Onkel sprach, dem sehr beschäftigten Pfarrer einer großen Gemeinde. Stephen beklagte sich:

»Meine Eltern waren oft auf Reisen, als ich noch ein Kind war.«

Sein Onkel erwiderte: »Stephen, ich ging nie auf Reisen. Ich war immer zu Hause. Dennoch war ich für meine Kinder nie zu Hause. Aber wenn deine Eltern zu Hause waren, waren sie wirklich ›zu Hause‹.«

Ich sagte meinen Kindern oft, daß wir unser Bestmögliches gegeben haben. Nun ist es an der Zeit, von unseren Fehlern zu lernen und es besser zu machen.

Die Suche nach Geborgenheit

Ich fragte einen jungen Mann, der im Alter meines Sohnes Stephen war und sowohl zu Hause als auch in der Schule Probleme hatte:

»Wo fühlst du dich sicher und geschützt? Wo findest du wirkliche Geborgenheit?«

»Wenn ich in meinem VW-Käfer bin«, antwortete er, ohne zu zögern. »Das ist der einzige Platz, an dem ich mich sicher und geborgen fühle. Außerdem gehört er mir.«

Meine jüngste Tochter Ruth erklärte einmal während der Weihnachtsferien, daß sie 22 Freunde zum Neujahrs-Wochenende eingeladen hatte. Sie wollten eine Freizeit halten. Alles war genauestens geplant – von den Mahlzeiten bis hin zu den Schlafgelegenheiten, wobei sie auch die Hilfe unserer Nachbarn einkalkuliert hatte. Für das Beisammensein sollte der Fußboden unseres Wohnzimmers ausreichen.

»Es wird alles gutgehen, Mami«, sagte Ruth, »solange du Ruhe bewahrst und solange ich Ruhe bewahre.«

»Was ist euer Thema?« fragte ich.

»Geborgenheit. Das war Stephens Idee. Er ist zwar nur mein Bruder, aber er ist ziemlich schlau. Er sagte, daß alle jungen Menschen nach Geborgenheit suchen – nach einem Platz, an dem sie sicher und geborgen sind.«

Was für ein gutes Thema! dachte ich.

An diesem Wochenende verbrachten wir eine großartige Zeit zusammen. Walter war nicht bei uns; er nahm als Redner an einer großen Jugendversammlung in Minneapolis teil. Ruth bat ihren ältesten Bruder, Daniel, von seinen Studien über Pränatal-Psychologie zu sprechen, über die Heilung von Geburts-Traumata und vor allem darüber, wie sie vermieden werden können. Ich sollte darüber sprechen, wie Mütter ihren kleinen Kindern das Gefühl der Geborgenheit schenken können. Wir alle mußten einen Platz zeichnen, an dem wir uns geborgen fühlten. Nachher mußten wir jenen Platz zeichnen, an dem wir keine Geborgenheit empfanden. Ich wählte dazu das Bild meines überladenen Schreibtisches. Die jungen Leute schickten mich sofort in mein Zimmer, um meinen Schreibtisch aufzuräumen.

»Wir können unsere Freizeit nicht fortsetzen«, sagten sie, »wenn sich unsere Mutter nicht wohl und geborgen fühlt.« Dieses Erlebnis lehrte mich, wieder Ordnung zu schaffen. Vor jedem schweren Kampf im Reiche Gottes ist das von außerordentlicher Wichtigkeit: Zuerst Ordnung in meinem Inneren zu schaffen und dann in meiner Umgebung. Aber manchem hilft es schon ein wenig auch im Innern, wenn er dem äußeren Chaos zu Leibe rückt.

Die innere Ordnung

Um an dieser inneren Ordnung zu arbeiten, tut man gut daran, in den »Spiegel« Gottes zu sehen: die Zehn Gebote. Pfarrer Herbert Fuchs, unser Traupfarrer, Walters Mentor und Seelsorger, schrieb zu den Zehn Geboten folgenden »FRAGEBOGEN GOTTES«:

1. Welcher Mensch oder welche Sache sind dir wichtiger als Gott? Woran denkst du morgens zuerst und abends zuletzt?

2. Wirst du in deinem Denken und Handeln von abergläubischen Vorstellungen bestimmt? Haben Wahrsagerei, Horoskope, Spiritismus und Magie Einfluß auf dein Leben oder das deiner Angehörigen und Hausgenossen?

3. Fragst du bei deinen Planungen und Entscheidungen nach Got-

tes Willen? Nimmst du dir genügend Zeit zum Hören auf Gottes Wort, oder fliehst du in Arbeit und Vergnügen?

4. Mit welchen Menschen lebst du in Spannung? Wem begegnest du gleichgültig, voll Vorwurf und Verachtung innerhalb oder außerhalb deiner Familie? Bist du bereit, über deinen persönlichen Wirkungskreis hinaus Verantwortung zu tragen?

5. Gibt es einen Menschen, dem du etwas nicht vergeben und vergessen kannst? Versuchst du, anderen äußerlich oder innerlich zu helfen, oder suchst du nur Hilfe für dich selbst?

6. Ist Gottes Gebot auch auf sexuellem Gebiet für dich maßgebend, sowohl im Hinblick auf andere als auch für dich selbst? Welches sind die Beweggründe für dein Versagen auf diesem Gebiet?

7. Hast du dir etwas unrechtmäßig angeeignet oder Geliehenes noch nicht zurückgegeben? Was brauchst du nicht unbedingt, das aber ein anderer dringend nötig hat? Erhält Gott seinen Anteil von deinem Verdienst?

8. Wen hast du belogen? Über wen hast du mündlich oder schriftlich wissentlich falsch oder lieblos geurteilt?

9. Wen beneidest du heimlich um Aussehen oder Ansehen, um Gaben, Stellung und Besitz? Empfindest du Mitfreude oder Verbitterung, wenn du dich mit anderen vergleichst?

10. Bist du bereit, alles aus Gottes Hand entgegenzunehmen – auch, was deinen Wünschen nicht entspricht oder dir unbegreiflich erscheint? In welchem Sinn gebrauchst du die Worte »Schicksal« und »Zufall«?

Ich schrieb meine Antworten zu jeder dieser Fragen nieder und ging zu einer älteren Frau, meiner Gebetspartnerin und Seelsorgerin. Sie konnte mir die Worte Christi bestätigen: »Wer zu mir kommt, den werde ich nicht hinausstoßen!« und 1. Johannes 1,9: »Wenn wir aber unsere Sünden bekennen, so ist er treu und gerecht, daß er uns die Sünden vergibt und reinigt uns von aller Ungerechtigkeit.« Ich konnte mit neuen inneren Kräften meinen Weg fortsetzen. Mir wurde dadurch auch die Vollmacht zuteil, anderen in der Weise zu helfen, wie mir selbst geholfen wurde. Diesen Schritt zur inneren Ordnung haben Walter und ich in unserem geistigen Leben wiederholt getan. Dieser »Rückschritt« ist auch ein Teil der »Wiederherstellung abgeschnittener Telefonleitungen« in der Kommunikation mit Gott.

Tischgespräche

Wir besuchten einmal Martin Luthers Familienräume in Wittenberg. Die Studenten kamen oft zum Essen zu Dr. Luther und seiner Familie. Die Unterhaltungen, die dort stattfanden, sind in Luthers »Tischgesprächen« aufgezeichnet.

Die Gespräche während der Mahlzeiten am Eßtisch üben stärkste Einflüsse auf das Leben eines Kindes aus. Worüber sprecht ihr während eurer Mahlzeiten? Einige Eltern benutzen die Zeit am Eßtisch, um ihren Kindern korrekte Tischmanieren beizubringen. Das ist gut, aber es ist nicht genug.

Bei uns zu Hause las mein Vater jeden Abend nach dem Abendbrot aus einem biblischen Geschichtenbuch vor. Dann sangen wir ein Lied zusammen. Eines unserer Lieblingslieder kam aus Schweden:

> Kinder sind wir des himmlischen Vaters.
> Wir bergen uns sicher in seinem Schoß;
> kein nistender Vogel, kein Sternlein am Himmel
> fand je eine Zuflucht so sicher, so groß.

Dann hielten wir uns an den Händen und beteten das Abendgebet.

Als Familie lernten wir dabei, was meine Eltern bereits als Paar praktizierten: eins im Geiste vor Gott zu werden. Hier liegen die tiefsten Wurzeln der Geborgenheit.

Während einer Versammlung von Angehörigen der Luftwaffe und ihren Familien sprach ich über die Bedeutung des Tischgespräches. Nachher kam ein unverheirateter Pilot zu mir und sagte: Ich kann mich nicht daran erinnern, daß wir in meiner Kindheit jemals als Familie zusammen am Tisch gesessen hätten. Mein Vater arbeitete nachts und meine Mutter tagsüber. Es stand zwar immer etwas zu essen auf dem Herd, aber es gab kein gemeinsames Essen und damit auch keine Tradition.

Nun wußte er, daß er es anders machen sollte, wenn er einmal verheiratet ist.

Eine Familie sollte auch Zeit für Spaß haben und viele Spiele spielen. Ich kenne nichts Besseres, um die unvermeidlichen Spannungen zu lösen, die aus dem Zusammenleben von Menschen unter einem

Dach kommen. Ein Teenager, der Probleme mit seinen Eltern hatte (gute Freunde von uns), sagte ihnen eines Tages am Eßtisch: »Wenn wir nicht in der Lage wären, zusammen an diesem Tisch zu lachen, könnte ich diese Familie nicht ausstehen.« Liebe und herzliches Lachen halten uns zusammen.

Jonathan Edwards, der berühmte Prediger in der Zeit, als Amerika noch Kolonie war, sagte einmal: »Jede Familie sollte eine kleine Kirche sein, die von Christus geweiht und nach seinen Geboten verwaltet wird.« In 1. Korinther 16,19 sagt Paulus zur Kirche in Korinth: »Es grüßt euch sehr in dem Herrn Aquilla und Priska samt der Gemeinde in ihrem Hause.«

Spannungen zwischen Dienst und Familie

Ich nahm neulich an dem Begräbnis eines guten Freundes teil, eines Missionsdirektors seiner Kirche. Seine Tochter erzählte, wie er sie wochenlang täglich besuchte, als sie sich von einer schweren Operation erholte. Dazu mußte er nach der harten Arbeit in seinem Büro 100 Kilometer weit fahren. »Seine Kinder waren Teil seiner Mission«, sagte sie. Einer seiner Söhne, der den Fußstapfen seines Vaters folgt, legte es so aus: »Spannungen existierten nicht zwischen seinem Dienst und seiner Familie.«

Wenn wir es doch nur lernen könnten, daß unsere Familie und unser Dienst nicht miteinander konkurrieren. Es gibt genug Zeit für beides. Wir müssen unseren Kindern beibringen, manchmal etwas zu warten, anstatt sofort ihren Bedürfnissen nachzukommen. Das wird ihre Toleranzgrenzen weiten. Genauso kann man daran arbeiten, daß die Zeiten für Familie und Dienst ausgeglichener werden.

Meine gute Freundin Becky fand ihre eigene Lösung. Sie ist Frau und Mutter, Redner und Autor. In einem Interview für die Zeitschrift »Partnership« (Juli-August 1987) sagte sie: »Mein schwerster Kampf als Mutter ist das Abwägen von Prioritäten. Ich habe eine Teilzeitbeschäftigung angenommen. . . . Als Redner bin ich zeitweise von meinen Kindern getrennt. Deshalb habe ich mich dazu entschlossen, meine Tätigkeit auf nur zwei oder drei Übernachtungen im Monat zu beschränken. . . . Es gibt keinen Zweifel für mich, daß meine wichtigste Aufgabe die als Frau und Mutter ist. Und ich bin auch davon überzeugt, daß Frauen ihren Männern beistehen sollen. Wenn ich aber in den Himmel komme, wird mich Gott nicht danach fragen, was ich mit den Gaben meines Mannes angefangen habe.«

Ich frage mich oft, was ich in der Verbindung von Familie und Dienst anders machen würde, wenn ich jetzt auf all die Jahre zurückblicke! Ich glaube, daß Menschen wichtiger sind als Programme und Projekte. Ich bin froh darüber, daß wir unser Heim mit so vielen anderen geteilt haben. Diese jungen Menschen, die mit uns lebten und in unsere erweiterte Familie aufgenommen waren, tragen jetzt die Vision der weltweiten »Family Life Mission« weiter – eine Arbeit, auf die wir noch zu sprechen kommen. So habe ich gelernt, daß wir durch Geben niemals verlieren:

»Einer teilt reichlich aus und hat immer mehr; ein anderer kargt, wo er nicht soll, und wird doch ärmer. Wer reichlich gibt, wird gelabt, und wer reichlich tränkt, der wird auch getränkt werden.« (Sprüche 11,24.25)

Fragen:

1. Sind Sie sicher, daß jedes Ihrer Kinder in Ihrem Haus Sicherheit und Schutz vor Streß findet? Auf welche Weise können Sie ihnen helfen, zu Hause Geborgenheit zu suchen und zu finden?

2. Gehen Sie den »Fragebogen Gottes« von S. 80 noch einmal durch und prüfen Sie daran sich selbst. Bitten Sie Gott, Sie im Bekenntnis zu ihm auf jedem Gebiet, wo Sie seinem Maßstab nicht entsprechen, zu leiten.

3. Freut sich Ihre Familie auf die gemeinsamen Mahlzeiten? Wie können Sie diese Zeiten sinnvoller, erfreulicher gestalten?

9. Der Verlust
einer Liebe

»Liebeskummer lohnt sich, lohnt sich unbedingt«, schrieb Walter in seinem kleinen Buch, »Liebe ist ein Gefühl, das man lernen muß.« »Deshalb darf man Leiden nicht einfach ausmerzen, auch nicht und erst recht nicht, wenn es einen etwas kostet. Wenn wir damit leben und es annehmen, kann das Leiden eine Quelle des Reichtums, der Tiefe, des Wachstums und der Erfüllung – ja, sogar des Glücks werden.«*

Der Verlust eines Freundes

Eine verlorene Freundschaft, so schmerzhaft sie auch sein mag, kann ebenfalls zu einer Quelle der verborgenen Kräfte werden, sobald die Wunden zu heilen beginnen. Wir müssen es vermeiden, daß sich auf unserem Herzen eine rauhe Oberfläche bildet. Frustration entsteht, wenn Liebe unerwidert bleibt, das versetzt dem Selbstwertgefühl einen schweren Schlag, und es bedarf großer Kräfte, aufrecht stehenzubleiben, wenn man zurückgewiesen wird.

Das erinnert mich an den Ausspruch eines Bergsteigers: »Das Geheimnis des Lebens ist nicht, zu siegen, sondern nach einer Niederlage wieder aufzustehen und es noch einmal zu versuchen.«

Manchmal kommt unser Schmerz nicht von einer verlorenen Freundschaft, sondern von einer absterbenden Freundschaft. An die

---

* Walter Trobisch, *Liebe ist ein Gefühl, das man lernen muß*, R. Brockhaus Verlag, Wuppertal 1982, S. 15

Stelle der tiefen Quelle tritt ein ausgetrocknetes Faß. Das festzustellen ist sehr schmerzvoll, und die blutenden Stellen müssen behandelt und verbunden werden.

Dr. Marion Hilliard ist Ärztin für Geburtshilfe und Gynäkologie. Sie arbeitete an einem großen kanadischen Krankenhaus und schrieb viele erfolgreiche Artikel über Frauen und Ehe, in einem Artikel auch ganz offen über ihre eigenen Enttäuschungen in der Liebe.

Eines Tages empfing sie einen aufgebrachten Mann in ihrem Büro.

»Wie in aller Welt kommen Sie darauf, über Ehe und Familie zu schreiben«, rief der Mann. »Sie sind überhaupt nicht verheiratet!«

»Ich blieb ganz ruhig«, sagte Dr. Hilliard, und dann machte sie ihren Gast auf folgendes aufmerksam: »Ledig zu sein verhilft mir zu einem objektiven Standpunkt. Eine verheiratete Frau kennt nur einen Mann. Obwohl ich die Ehe nicht selbst erfahren habe, weiß ich doch vieles über sie, da ich den Problemen von tausenden verheirateten Frauen zugehört habe. Noch besser aber kenne ich die Probleme der unverheirateten Frauen. Ich habe gelernt, daß der bitterste Verzicht nicht jener auf einen Partner ist, sondern auf die Mutterschaft. Wenn ich auf mein Leben zurückblicke, kann ich die zentralen Momente sofort erkennen. Der entscheidende war an jenem Tag, an dem ich einen Abend mit einem Mann verbrachte, den ich liebte.

Er war Ingenieur und war wegen eines Auftrages einige Monate lang verreist gewesen. Ich mußte mein Medizinpraktikum absolvieren und vermißte ihn schrecklich. Wir waren heimlich miteinander verlobt.

Er – ein gutaussehender Mann – wollte nun nach seiner Rückkehr mit mir ausgehen. Er hatte sogar einen Wagen geliehen. Wir aßen in einem Restaurant. Ich genoß es so sehr, einmal nicht im Krankenhaus essen zu müssen. Gesättigt und behaglich im Auto sitzend – und auf einen Moment wartend, in welchem er von Liebe sprechen würde – schlief ich ein: Ich hatte die vorausgehenden vier Nächte im Entbindungszimmer Dienst gehabt. Er fuhr mich nach Hause, weckte mich und verabschiedete sich mit einem kurzen ›Gute Nacht‹.

Wie dankbar war ich immer für tiefen Schlaf gewesen!

Kurze Zeit später heiratete er eine andere Frau. Dann konfrontierte er mich mit meinem ›Gethsemane‹: Er bat mich, die Ärztin seiner Frau zu sein und ihr erstes Kind zu entbinden. Es war ein wertvolles Erlebnis. Nichts in meinem Leben hat jemals so weh getan. Am Muttertag, frühmorgens – so daß ich keine mitschwingenden Untertöne menschlichen Verlangens vermißte! – kam das Kind zur Welt. Wenn ich das verkraften und überleben würde – und ich konnte es –, dann konnte ich alles aushalten.«

Eine Beziehung scheint in Ordnung zu sein. Man »verliebt« sich (nicht zu verwechseln mit dem »Wählen, den man liebt«, der Basis des lebenslangen Gelöbnisses in der Ehe). Schließlich fällt diese Beziehung auseinander. Eine Schaupielerin beschrieb dies in einem Fernsehspiel sehr lebensnah: »Das Zimmer, in dem wir waren, kam zu einem stummen Stillstand. Die Wände um uns stürzten ein. . .« Was hatte sie falsch gemacht? Hatte sie ihm die Pfannkuchen kalt serviert anstatt kochendheiß? Sie hatte ihr Bestes gegeben, aber es war nicht genug.

Liebe ist keine Einbahnstraße. Albert Camus beschreibt dieses Gefühl des Verlustes in »Cahier II«:

»Einen geliebten Menschen verlieren – und die Ungewißheit darüber haben, wer wir sind – das sind Beraubungen (Verluste), die uns schwerstes Leid verursachen. . . . Das Erstaunliche oder Bedauerliche daran ist, daß uns diese Verluste zur selben Zeit heilen, in der sie den Schmerz entflammen. Wenn wir einmal die Tatsache des Verlustes akzeptiert haben, dann begreifen wir, daß dieser Geliebte ein gutes Stück des Möglichen blockiert hatte; dies wird einem so klar wie der vom Regen gereinigte Himmel.«

Anzeichen der Genesung

In dem populären Buch *Wenn Frauen zu sehr lieben* nennt der Autor Robin Norwood neun Anzeichen der Genesung von einer verlorenen Liebe:

1. Eine Frau muß sich selbst vollkommen akzeptieren. Niemand anderer sein wollen.

2. Sie akzeptiert andere so, wie sie sind, ohne sie nach ihrem Bedürfnis ändern zu wollen.

3. Sie ist sich aller ihrer Gefühle bewußt in allen ihren Lebensbereichen, auch sexuell.

4. Sie sorgt liebevoll für sich selbst und ihren Körper. (Ich möchte hinzufügen, daß sie auch lernen sollte, ihre Selbstwertgefühle von dem Ausmaß ihres Körpergewichtes zu trennen.)

5. Ihre Selbstachtung ist groß genug, um Freude an dem Zusammensein mit anderen zu haben – besonders mit Männern. Sie braucht nicht das Gefühl des »Gebraucht-Werdens«, um sich als »würdig« zu fühlen.

6. Sie fragt sich: »Ist dieses Verhältnis gut für mein Wachstum?«

7. Wenn sich eine Beziehung als destruktiv erweist, ist sie in der Lage, sich davon zu lösen, ohne in Depressionen zu geraten.

8. Sie schätzt ihre Gelassenheit.

9. Sie weiß, daß eine Beziehung zwischen Partnern bestehen muß, die die gleichen Werte, Interessen und Ziele und ein bestimmtes Fassungsvermögen für Vertrautheit haben.

Die Macht der Liebe

Jean Vanier erzählt von einer zärtlichen Beziehung zwischen zwei Menschen, Christine und Lawrence. Beide hatten geringe geistige Behinderungen. Lawrence war zornig und gewalttätig, als er in die Anstalt kam. Da sie ihm mit Zärtlichkeit entgegenkam, erweckte Christine sein Herz. Es war erstaunlich, den Wandel mitanzusehen, der sich in ihm während nur weniger Monate vollzog. Er wurde sanfter und ruhiger; sein Gesichtsausdruck wurde friedlicher und gelöster; er begann, anderen während der Mahlzeiten zuzuhören; alle seine Aggressionen schienen wie weggeschmolzen zu sein. . . . Als Christine ihn verließ, verfiel Lawrence in Depressionen; er begann sich wieder zu verschließen . . . aber eine kurze Zeit lang hatte man die Schönheit seines Herzens sehen können. Dadurch, daß er als Mann geliebt worden war, wandelte er sich; unglücklicherweise aber nur für eine gewisse Zeit.

Liebe ist die schönste Realität; diese Realität kann jedoch sehr gefährlich sein, wenn sie nicht auf einem wirklich auf Dauer angelegten Gelöbnis gründet.

Vanier warnt vor dem Schritt zum sexuellen Ausdruck einer solchen Liebe. Die Worte Vaniers, eines französischen Christen, gelten als prophetisch für unsere Zeit:

»Das Sexualleben kann ein Herz einkapseln und verdunkeln, wenn es nicht innerhalb des von Gott geweihten Bündnisses gedeihen kann. Sexualität kann das Sakrament einer Beziehung sein, es kann aber auch ihr Tod sein. Der Kuß kann das Wort versperren, jenes Wort, daß absolut notwendig für die Vertiefung der Beziehung ist. Der sexuelle Trieb ist so mächtig, daß er ein Paar zur körperlichen Vereinigung treibt, bevor es die Phasen der Freundschaft und des Austausches erlebt, die für das gegenseitige Kennenlernen so notwendig sind. Eine solche Vereinigung hat keine solide Basis, auf der die Zukunft aufbauen könnte.«

Die Scheidung

Der Verlust einer Liebe, durch eine zerbrochene Beziehung oder sogar durch eine aufgelöste Verlobung, ist bei weitem besser als die Erfahrung einer Scheidung. Es ist so viel besser, wenn diese Desillusionierung noch vor dem endgültigen Versprechen der Ehe erfolgt. Die Emotion könnte dann jener gleichkommen, die in einer alten schottischen Ballade ausgedrückt wird:

>»Ich lege mich hin und blute eine Zeit.
>Ich bin zwar verwundet, nicht aber erschlagen . . .
>Ich werde wieder aufstehen und kämpfen.«

>(»Lay me down and bleed a while
>Though I am wounded, I am not slain . . .
>I shall rise and fight again.«)

In »Heiraten oder nicht« erklärt Walter seiner Leserschaft die Bedeutung des biblischen Wortes »anhangen«.

»Der wörtliche Sinn im Hebräischen ist ›kleben‹. Mann und Frau kleben zusammen wie zwei Stücke Papier. Das heißt, daß sie untrennbar werden. Wer zwei zusammenklebende Papiere trennen will, wird beide zerreißen. Bei einer Trennung werden beide verletzt, der Mann wie die Frau und, falls Kinder da sind, diese erst recht.«*

»Solange noch ein Hauch des Lebens in einer Ehe ist, werde ich um sie kämpfen«, pflegte Walter zu sagen. Wenn ein Ehepaar miteinander kämpft, dann ist es ein gutes Zeichen, denn es bedeutet, daß sich beide darum sorgen. Ich erinnere mich, wie ein afrikanisches Ehepaar einmal zu uns kam, um einen Streit beizulegen. In seinem Zorn hatte der Mann seiner Frau das Ohrläppchen abgebissen. Walter beruhigte die beiden und versicherte sie der großen Liebe, die sie zueinander hatten. Wären sie schweigsam und den Gefühlen des anderen gegenüber gleichgültig gewesen, so hätte ihn das wesentlich besorgter gemacht. Die beiden schlossen Frieden miteinander und gingen nach kurzer Zeit zufrieden nach Hause.

Es gibt jedoch Ehen, in denen kein Hauch des Lebens mehr ist. Das einzige, das übrigbleibt, ist die Unterzeichnung des Totenscheins ihrer Ehe und das Begleiten des Paares im Schmerz des Scheidens – ein Schmerz, der oft größer ist als jener der Witwenschaft.

Neulich schrieb mir eine Leserin unserer Bücher: »Ich bin erschüttert über die Scheidungen christlicher Ehen. Wie kann denn das bei Christen möglich sein? Manchmal habe ich Angst, daß es auch mir passieren könnte. Ist eine christliche Ehe eine Garantie dafür, daß es nie zu einer Scheidung kommt? Und wenn die Liebe zwischen zwei Menschen einmal verloren ist, wie kann sie wieder gefunden werden?«

Meine Antwort an sie war: »Das Leben hat keine Garantien außer Gottes bleibender Liebe und unserer Erlösung durch seinen Sohn. Die Christen sind den Versuchungen des Lebens genauso ausgesetzt wie Nicht-Christen. Sie erleben dieselben Höhen und Tiefen in ihrer Gefühlswelt wie jene, die Jesus Christus niemals kennenlernten.

Ein christlicher Ehemann mag eines Morgens aufwachen, seine Frau betrachten und sich fragen: ›Wie konnte ich denn sie zu meiner Ehefrau machen?‹ Ebenso mag seine Frau denken: ›Ich kenne diesen Mann kaum. Wieso ist er mein Mann?‹«

Wir müssen über uns selbst hinaussehen lernen. Die Quelle aller Liebe ist immer in Jesus Christus. »Denn bei dir ist die Quelle des

* Walter Trobisch, *Heiraten oder nicht,* Vandenhoeck, 1974, S. 24

Lebens, und in deinem Lichte sehen wir das Licht« (Psalm 36,10). Er ist unsere verborgene Kraft und der Ursprung aller Liebe. Er gibt unseren Wurzeln Nahrung, und wir können für unsere Ehen das Versprechen aus Psalm 92,13-15 in Anspruch nehmen:

»Der Gerechte wird grünen wie ein Palmbaum, ...

Die gepflanzt sind im Hause des Herrn, werden grünen.

Und wenn sie auch alt werden, werden sie dennoch blühen, fruchtbar und frisch sein ...«

Eine Braut und ein Bräutigam versprachen sich bei ihrer Trauung Loyalität und Treue, »solange wir lieben werden«. Eine genauere Formulierung wäre es gewesen, wenn sie gesagt hätten: »Solange wir beide Liebe fühlen.« Das ist nicht die Liebe, die zu dem Treuegelöbnis fähig macht, von dem Jesus sprach. Er betonte, daß die Liebe uns fähig macht, füreinander unsere eigenen Wünsche aufzugeben und einander zu dienen.

Kurz nachdem Walter und ich heirateten, schrieb ich in mein Tagebuch: »Die Ehe ist nur dann erlebbar, wenn die Möglichkeit einer Scheidung nicht existiert.« Viele halten das für unrealistisch. Wir leben in einer unvollkommenen Welt, und daher ist eine Scheidung manchmal notwendig. Vielleicht. Aber die Notwendigkeit einer Scheidung ist bei weitem nicht so groß, wie die Statistik der tatsächlichen Scheidungen aufweist. Und die Christen sollen eigentlich die ersten sein, die aufstehen und dies sagen.

Es gibt eine ganz neue amerikanische Studie (Dr. Mavis Hetherington, Professor der Psychologie an der Universität von Virginia), aus der hervorgeht, daß von geschiedenen Ehepaaren nach einem Jahr der Scheidung sechzig Prozent der Männer und dreiundsiebzig Prozent der Frauen glauben, einen Fehler gemacht zu haben. Sogar jene, die ihre Ehe als fürchterlich bezeichneten, meinten, sie hätten wohl doch ihre ehelichen Probleme lösen können. Diese Menschen erkannten, daß ihr Bedürfnis der Liebe größer war als jenes der Scheidung.

Laßt mich von dem Erlebnis zwischen meiner Nichte Ann und ihrem Mann Bob erzählen. Ann und Bob reichten ihre Scheidung nach sieben Jahren Ehe ein. Ohne auf die traurige achtzehnmonatige Phase einzugehen, kann ich davon berichten, daß sie heute bereits länger als sieben Jahre wieder verheiratet sind.

Wie war das geschehen? Ann schreibt: »Ich bin noch immer von Ehrfurcht ergriffen, wenn ich daran denke, was Gott in unserem Leben geleistet hat. Bob und ich sprachen an einem Sonntagnachmittag miteinander. Es war ein erster heller Frühlingstag. Das Leben schien auf einmal so unbeschreiblich schön. Nach all den Schmerzen in den vergangenen Monaten war ich wieder glücklich. Schließlich fragte ich Bob, wie es denn zu dieser Erneuerung unserer Liebe gekommen sei. Er schaute mir gerade in die Augen und sagte ohne zu zögern: ›Ann, die Liebe zwischen uns hat niemals aufgehört.‹

›Niemals aufgehört!‹ protestierte ich im stillen. ›Du hast es wohl nicht so wie ich empfunden!‹

Aber langsam begann ich die Bedeutung seiner Worte zu verstehen. Unsere Liebe füreinaner war ja nicht unser Werk. Sie war eine Gabe Gottes. Durch Unreife und durch die Vernachlässigung unserer wichtigsten Verantwortung – der Pflege unseres Verhältnisses zu Gott, unserem Schöpfer – zerstörten wir schließlich alle guten Gefühle füreinander und die Freude, die wir früher miteinander teilten. Je mehr wir um diese Freude kämpften, um so mehr entzog sie sich uns. Und doch war es nicht die Liebe, die vergangen war. Es war der Ausdruck und das Gefühl der Liebe.«

Das Wiederherstellen der Liebe

»Wie mich mein Vater liebt, so liebe ich euch auch. Bleibet in meiner Liebe« (Johannes 15,9). Dieses Wort Jesu Christi zeigt, daß der erste Schritt zur Erneuerung unserer Liebe darin besteht, daß wir uns für Gottes Liebe öffnen und auf diese Weise Treue erleben; daß wir uns auf ein Gelöbnis mit Jesus Christus einlassen. Der nächste Schritt ist dann das Eingehen des lebenslangen Gelöbnisses dem Ehepartner gegenüber. Und dieses muß frei sein von »Bedingungen«.

Nun setzt die Arbeit der Liebe ein. Kommunikation hat dabei oberste Priorität. Denn es bedeutet Mut in reinster Form, sich vollkommen und ehrlich einem anderen zu offenbaren. Wir alle haben Angst vor der Zurückweisung. Um aber verstanden zu werden, müssen wir verständnisvoll sein. Wir haben zwei Ohren und einen Mund. Das bedeutet, daß wir doppelt soviel hören als sagen sollen.

Die meisten Menschen hören nur bis zu 25 % ihrer Hör-Kapazität –
warum eigentlich? Reden sie zu viel?

Es gibt vier Arten des Hörens, die beachtet werden sollten:

1. Überhebliches Hören: »Ich bin besser als du.«
2. Gleichgültiges Hören.
3. Wartendes Hören auf den Moment, daß der andere zu sprechen aufhört.
4. Hören und lernen.

Es gibt keinen Ersatz für einen guten Hörer – schon allein deshalb,
weil es so wenig von ihnen gibt. Wer ein solch guter Hörer für seinen
Ehepartner ist oder wird, kann damit rechnen, daß der Partner darauf reagiert. Ein lebensspendender Kanal der Kommunikation öffnet
sich – er muß gepflegt werden, damit er offen bleibt.

Wir Frauen müssen auch lernen, unseren Ehemann zu akzeptieren und ihn als den anzunehmen, der er ist. Wir werden den Partner
nie verändern können. Ich kann nur mich selbst ändern.

Jeder verheiratete Mensch hat an seinem oder ihrem Partner zumindest eine Eigenart gefunden, von der er oder sie sich wünschte,
daß es sie nicht geben würde. Die Frage ist: Hat diese Eigenart Einfluß auf die Qualität unserer Ehe, oder kann ich lernen, mit ihr zu leben? Ist diese Eigenart ein ernstes Problem, dann arbeite an ihrer
Linderung, indem du sie zuerst dem Herrn unterbreitest. Als zweites suche einen christlichen Seelsorger auf, der dich beraten kann.
Wenn diese Eigenart weiterhin ein Problem bleibt, dann geh ein Risiko ein: Teile es deinem Partner mit. Gebrauche einen liebenden und
anerkennenden Zugang. Wenn du den Eindruck hast, daß eine Bera-
tung notwendig ist, dann bitte ihn oder sie, mit dir dorthin zu gehen.

Eine Frau erzählte mir über eine äußerst schwierige Zeit in ihrer
Ehe. Sie sagte: »Ich fragte mich ständig, was ich denn hier überhaupt
mache? Warum setze ich diese Ehe überhaupt noch fort? Wir beide
wären besser daran, auseinander zu gehen. Zumindest wären wir wesentlich glücklicher.« Sie hatte nämlich Erfahrung mit der Teufelslü-
ge gemacht: »Wenn man fühlt, es ist wahr, so muß es auch wahr
sein.« Oder: »Richte dich nur nach deinem Gefühl und handle!«
Diese Frau jedoch ließ sich nicht darauf ein. Manchmal fühlte sie sich
wie eine Heuchlerin, und manchmal hatte sie schlimme Depressio-

nen. Aber ihre Treue hat dann doch gesiegt, und heute ist sie äußerst dankbar dafür, daß sie nicht ihren Gefühlen gefolgt ist.

Solange noch ein Hauch des Lebens in der Ehe ist, kämpfe um sie. Christliche Ehen unterscheiden sich nur dann von den anderen, wenn sie sich um den »himmlischen Bräutigam« zentrieren, den großen Diener, der gesagt hat: »Was Gott zusammenfügt, das soll der Mensch nicht scheiden.«

Der Verlust durch den Tod

Immer wieder höre und lese ich, der Verlust des Partners durch den Tod sei eine der größten Ursachen für Streß. Ich zögere, das zu glauben, und meine, es sollte erst einmal nachgewiesen werden. Ein »guter« Tod, sofern es so etwas überhaupt gibt, kann weniger belastend sein als eine Scheidung. Die Wunde besteht aus einem Schnitt, der besser zu heilen verspricht als jene Wunden, die durch langsame Entfremdung, den ganzen Prozeß von Scheidung und Gütertrennung überall ausfransen und sich immer wieder öffnen, wenn der vormalige Ehepartner noch am Leben ist. Eine Scheidung kann belastender sein als ein Tod.

Drei von vier verheirateten Frauen werden Witwen sein. Der Tod des Ehepartners, die Umstellungen, die damit für die Witwe verbunden sind, bedeuten eine der größten Veränderungen im Leben, die zu verkraften sind. Nun sind wichtige Entscheidungen allein zu fällen. Nach dem gemeinsamen Leben muß die Witwe lernen, allein zu leben, ohne sich einsam zu fühlen. Sie muß die täglichen Probleme allein bewältigen, ohne die Last mit ihrem Gemahl zu teilen. Sie muß sich den Veränderungen in den Beziehungen zu anderen Menschen anpassen sowie auch ihrem eigenen, sich wandelnden Image.

Ich beginne mit dem letzteren. Ich brauchte einige Monate nach dem plötzlichen Tode meines Mannes, um zu begreifen, daß ich meinen Mann nicht verloren hatte. Ich wußte, wo er war. Aber ich hatte mich selbst verloren, nämlich meine Identität als die Frau von Walter Trobisch. Es war eine sehr unbequeme Entdeckung, und ich konnte nichts Gutes daran finden, außer der Herausforderung zu wachsen. Ich mußte auch die Tatsache akzeptieren, daß es niemand auf dieser Welt mehr gab, für den ich die Nummer 1 war.

In den Jahren seit Walters Tod habe ich andere beobachtet, die diesen schweren Schlag ebenfalls hinnehmen mußten. »Ganz egal, wie mutig sie auch auftreten mag, die Witwe bleibt trotzdem eine einsame Figur, die nirgends hingehört«, schreibt Daphne du Maurier. »Die Haltung der Nicht-Verwitweten ist freundlich, herzlich und ein wenig zu fröhlich in ihrem Versuch, der Leidtragenden zu zeigen, daß sich nichts geändert hat. Es ist genauso, wie wenn der großzügige Weiße seinem schwarzen Bruder die Hand schüttelt und breit lächelt, um die Gleichheit zu betonen. Aber weder das eine noch das andere wird täuschen, und beide Seiten sind beschämt. Es gibt sogar eine Form der Apartheid. Die Verwitwete und die Nicht-Verwitwete ziehen sich in ihre eigene Welt zurück, und zwischen ihnen gibt es keine Gemeinschaft mehr.

Das alte Sprichwort, daß die Zeit Wunden heilt, wird sich nur dann bewahrheiten, wenn keine versteckte Infektion entflammt und wenn die Wunde gut gereinigt wurde. Bitter zu sein, zu klagen und mit Reue erfüllt zu sein (warum habe ich denn nicht . . .?) wird die Wunde zum Eitern bringen, den messerscharfen Schmerz erneuern und das neuerliche Bluten der Wunde verursachen.«*

»Du mußt dieses Bluten zum Stillstand bringen«, sagte mir eine Ärztin ein Jahr nach Walters Tod. Ich hatte ihr weinend von dem großen Schmerz erzählt, den ich immer noch fühlte. Sie hörte mir zu und stand mir bei, so daß in meinem Herzen wieder gesunde Haut wachsen konnte und kein rauhes Gewebe, das kein Wachstum mehr zuläßt.

»Was ist denn dein Geheimnis?« fragte ich eine achtzigjährige Witwe in meiner Nachbarschaft. »Gehen und handeln«, war ihre knappe Antwort. »Ich kann noch immer Auto fahren und ich verpasse keine Gelegenheit, bestimmte Veranstaltungen zu besuchen.«

Aus eigener Erfahrung weiß ich, daß wir es immer nur mit diesem einen Tag zu tun haben und daß jeder Tag eine Herausforderung ist, ein Test unseres Mutes. Der Schmerz kommt in Wellen. Nimm ihn an! Laß den tiefen Schmerz zu! Unterdrücke ihn nicht und versuche auch nicht die Trauer vor dir selbst zu verbergen! So wie der Taube,

---

* Daphne du Maurier: *The Rebecca Notebook*, Doubleday & Co, Garden City, New York, 1980, S. 276

der Blinde, der Behinderte einen eigenen Sinn dafür entwickelt, seine Behinderung durch andere Qualitäten auszugleichen, so soll auch der Leidtragende, die Witwe neue Kräfte finden und eine neue Vision, die aus jenem Schmerz und jener Einsamkeit geboren wurde, die zu meistern man anfänglich nicht für möglich hielt.

Die Erste-Hilfe-Ausrüstung für Einsamkeit

Bei Lynn Caine fand ich folgende praktische Vorschläge, die sie auch als ihre »Erste Hilfe-Ausrüstung« bezeichnet:
1. Atme tief ein und aus.
2. Ich bin nicht die einzige.
3. Laß dir von deinem Körper helfen.
4. Gebet und Meditation.
5. Iß. Du brauchst Energie. Kräfte.

Sie erzählt aus ihren eigenen Erfahrungen: »Ich war nicht hungrig, aber ich machte mir Tee, ein Spiegelei, ich schälte mir eine Orange, und ich aß. Wenn dem Körper die Energie entzogen wird, verliert er die Kontrolle ... Je schlechter man sich fühlt, um so weniger ißt man. Und je weniger man ißt, um so schlechter fühlt man sich. Wenn der Körper Nahrungsmittel braucht, aber keine bekommt, dann findet eine chemische Reaktion statt, die die Depression und die Einsamkeit verstärkt. Aus diesem Grund sind so viele ältere Menschen oft deprimiert. Es ist das Ergebnis schlechter Eßgewohnheiten ...«

Die Wiederverheiratung

Zweite Ehen sind nach Erfahrung vieler Wiederverheirateter viel komplizierter als die ersten Ehen. Man ist emotional belastet, hat eine größere Lebenserfahrung, gute und schlechte Angewohnheiten. Beim zweiten Mal sind es nicht mehr »nur wir zwei«; es ist nicht mehr unbekümmerte Liebe. Da sind ihre Kinder, ihre Familie, ihre Schwieger-Familie, seine Kinder, seine Familie, seine Schwieger-Familie. Alle diese Menschen spielen eine Rolle in der neuen Vereinigung – ob man es will oder nicht –, weil sie Teil von beider Leben sind. Das bedeutet, daß die notwendigen Anpassungen in einer zweiten Ehe gewaltig sind.

In meinem Buch *Allein leben lernen* habe ich über das Wiederverheiraten geschrieben. Die Versuchung, den geliebten Partner durch einen anderen zu ersetzen, ist im ersten Jahr nach dem Verlust am stärksten. Aber das ist zu früh. Die Wunde ist noch nicht verheilt. Gewiß ist das Wiederverheiraten – zu Gottes Zeit und nach Seiner Wahl – ein bedeutendes Zeugnis für die Ehe. Aber was Gott will, das muß er selbst lenken. Er gibt denen, die ihm die Wahl überlassen, nur das Beste. Es ist falsch, eine Tür aufzustoßen, die Gott geschlossen hat.

Das Leben wird nie mehr wieder dasselbe wie früher werden. Es wiederholt sich nicht. Die Ehe war ja nicht nur eine Liebesaffäre, sie ist – zumindest für jene, die drei Jahrzehnte und noch länger verheiratet waren – die Hälfte ihres ganzen Daseins. Wir können einem neuen Partner niemals das geben, was wir dem vergangenen Partner zuvor gegeben haben. Und vielleicht sollen wir nach Gottes Willen die noch vor uns liegenden Jahre – vielleicht zehn, zwanzig oder sogar dreißig – allein durchreisen.

Ich habe entdeckt, daß Frieden eintreten wird, sobald man mit all seinen Erinnerungen Frieden schließt. »Was du gehabt hast, das kann dir niemand wegnehmen, Mutter«, sagte mein ältester Sohn in meiner frühen Phase der Trauer zu mir. Nun höre ich nicht mehr diese bekannten Schritte, nicht jene vertraute Stimme, die aus dem anderen Zimmer ruft. Aber im Raum ist eine Atmosphäre der Liebe, eine liebende Gegenwart, ja – eine Fröhlichkeit, wenn wir uns im Wohnzimmer zusammenfinden, das Walter so sehr liebte.

Das Finden meiner verborgenen Kräfte

Heute las ich den 84. Psalm. Er ist das Lied eines Pilgers. Seine Augen sind auf ein Ziel gerichtet – Jerusalem. Er geht der Freude entgegen, die ihn dort erwarten wird. Er muß durch dürre Täler ziehen und findet dort eine Quelle, wo er seinen Durst löscht, wo er sich wäscht, wo er im Schatten ruht. Im Vers 8 heißt es dann: »Sie gehen von einer Kraft zur andern und schauen den wahren Gott in Zion.«

Für jene von uns, die durch die Erfahrung gehen mußten, einen Lebenspartner zu verlieren, ist es, als ob sie einen Blick durch das Schlüsselloch in den Himmel gemacht haben. Wir mußten mit einem der schlimmsten Dinge zurechtkommen, die uns passieren konnten, und wir haben überlebt. In unseren Herzen ist nun eine freudige Gelassenheit und eine geheiligte Heiterkeit. Beides wird uns helfen, die Dinge wieder in der richtigen Perspektive zu sehen – nämlich das Kleine klein und das Große groß. Es wird nichts geben, das unsere Boote jemals wieder so voll Wasser laufen läßt, daß sie zu sinken drohen.

Fragen:

1. Was werden Sie in dieser Woche tun, um die Liebe zwischen Ihnen und Ihrem Ehepartner zu erneuern?

2. Welche großen emotionalen Nöte machen Menschen durch, die gerade den Zerbruch einer Beziehung, eine Scheidung, erleben mußten?

3. Welche Verluste mußten Sie bisher hinnehmen? Wie half Ihnen Gott da hindurch? Was lehrte er Sie dabei über das Leben und über seine Liebe zu Ihnen?

4. Wie hilft Gott Ihnen denen helfen, die vor kurzem erst ihre Lieben durch Tod, Scheidung oder zerbrochene Beziehung verloren?

10. Verborgene Kräfte im Behüten älterer Kinder

Als Eltern wollen wir unsere Kinder wie eine Perlenkette um unseren Hals tragen und uns mit ihnen schmücken. Was aber tun wir, wenn diese Kette reißt und unsere Kinder uns den Gehorsam verweigern? Zur Regel für den Umgang mit Kindern gehören Respekt und Vertrauen ihnen gegenüber. Ist es aber möglich, das Vertrauen aufrechtzuerhalten, wenn das Mißtrauen wächst?

Der elterliche Schmerz

Ein Kind in dieser Entwicklungsphase zu lieben, bedeutet, die Augen weit offen zu halten und den Schmerz hinzunehmen – es ist das »Vertrauen im Mißtrauen«. Wir warten und wir halten Ausschau wie der Vater nach dem verlorenen Sohn.

Ein Baum behält von jeder seiner Verletzungen eine Narbe zurück. Da der Baum Wunden nicht heilen kann, muß er sie isolieren. Um das Wachstum von Mikroorganismen zu hemmen, umgibt der Baum die Wunde mit Harz, jener dichtenden Substanz, die wie ein Verband funktioniert. Bei genauer Untersuchung der Schnittflächen eines gefällten Waldbaumes kann ein geübtes Auge im Sägewerk die Geschichte aller Bewahrungsproben dieses Baumes herauslesen: wann die schützende Rinde durch einen abgebrochenen Ast oder durch die Axt eines Holzfällers beschädigt wurde; wann fäulniserregende Bakterien oder Pilze das Holz angefallen haben; wann ein Blitz eingeschlagen hat oder ein Specht Löcher bohrte oder ein Brand an diesem Baum vorbeifegte. Die Narben bleiben erhalten.

Was für eine Lebensgeschichte! Eine meiner größten Narben stammt von einem Brief, den mir eines meiner Kinder geschrieben hat: »Laß mich meine Wege gehen. Ich kenne Deinen Standpunkt zu diesem Thema . . .« Meine erste Reaktion war tiefer Schmerz. Es war, als ob ein Messer tief in mein Herz drang.

Dann hörte ich die Worte aus Psalm 118,17: »Ich werde nicht sterben, sondern leben und des Herrn Werke verkündigen.«

Das letzte Buch, das Walter und ich zusammen gelesen hatten, trug den Titel: Parents in Pain – Eltern im Schmerz. Sein Verfasser, Dr. John White, ist Psychiater und Vater von fünf Kindern. Walter las es mir laut vor. Zur Zeit seines Todes hatten wir das Buch fast durch. Ich höre noch Walters Stimme, als er las:

»Elternschaft ist ein harter Kampf zwischen Zärtlichkeit und Verachtung. In den Monaten und Jahren der Dunkelheit lernen wir Lektionen, die uns im ›Licht‹ nicht beizubringen gewesen wären. Gott will uns alle Geheimnisse der Elternschaft mitteilen . . .« Er kennt den Schmerz um den sterbenden Sohn, um den verlorenen Sohn wie die Freude über die heimkehrenden Kinder.

Als inzwischen allein lebender Elternteil kam ich auf dieses Buch zurück; seine Botschaft tröstete mich, und ich fühlte mich in meinen »elterlichen Schmerzen« verstanden.

Nicht wirklich unser

Wir geben gerne vor, daß wir unsere Kinder »besitzen« und daß wir die totale Verantwortung für sie und auch für ihre Entwicklung tragen. Ich weiß jedoch, daß meine Kinder lediglich »Gäste in der Familie« sind; sie sind mir nur vorübergehend von Gott anvertraut worden. Sie sind nur in dem Sinne »mein«, als Gott auf mich zählt, daß ich sie liebe, für sie bete, sie zurechtweise und sie bilde. Die Frage ist nicht, wie ich meine Kinder erfolgreich großziehen kann, sondern: Wie kann ich eine gute Mutter werden?

Gott hat uns allen einen freien Willen gegeben, von dem wir auch ständig Gebrauch machen. Das Problem tauchte dann bei mir auf, als ich entdeckte, daß unsere Kinder auch einen freien Willen haben und ebenfalls von ihm Gebrauch machen. . . . Ich mußte lernen, daß unsere Kinder viel mehr sind als eine Erweiterung von uns selbst. Sie sind eigenständige Menschen, ihre Veranlagungen eine neue und vielfältige Mischung der elterlichen, sie sind wirklich eigene Menschen, diese unsere Kinder. Als ich nun wieder in dem Buch von Dr. White las und zu der Stelle kam, wo er sagt, daß Gott das endgültige Schicksal eines Kindes nicht in die Hände der Eltern, sondern in die Hände des Kindes gelegt hat, verstand ich, daß dieser Gedanke für ihn wie ein Seil war, an dem er sich in der Dunkelheit festhalten und sich weitertasten konnte, wenn er nichts mehr vor sich sah. Wie ähnlich erging es mir, wie erleichtert legte ich das Buch aus der Hand!

Die Auffassung, daß Eltern für das Versagen ihrer Kinder verantwortlich sind, ist falsch. Eltern sind aber auch nicht für den Erfolg ihrer Kinder verantwortlich. Beides ist Sache deiner Kinder – nicht deine! Solange sich dein Kind nicht damit auseinandersetzt, solange es nicht nach Hilfe ruft – bei Gott, bei dir –, wird niemals eine Entwicklung in ihm stattfinden. Es ist wichtig, daß es weiß, daß du auf seiner Seite bist, daß du sein Verbündeter bist, ein Verbündeter mit den sehnlichsten Wünschen für sein Wohlergehen.

Ein alter Ausspruch aus dem Talmud lautet: »Wenn der Geist bereit ist, dann wird der Lehrer kommen.« Wir können predigen und lehren, bis wir umfallen – wenn der Geist nicht bereit ist zu empfangen, werden unsere Worte vergeblich sein.

Mein Kind mag etwas getan haben, das mir Qualen verursacht, aber ich kann kein Eingeständnis der Schuld von ihm erzwingen. Ich kann es nur dazu ermutigen und ihm eine Gelegenheit zur Aussprache anbieten. Ich brauche mich aber auch nicht vor dem Zorn und der Verbitterung meines Kindes zu fürchten. Diese entflammen aus Gefühlen der Angst und der Schuld. Du hilfst niemandem dadurch, daß du dich über etwas »krank sorgst«. Lebe damit! Bestehe im Schmerz. Da liegt der Gewinn!

Eines der schwierigsten Dinge der Welt ist die Entscheidung darüber, ob wir unsere Kinder bei gewissen Angelegenheiten zur Rede stellen oder ob wir es einfach sein lassen sollen. Wir müssen jedoch auf alles gefaßt sein, denn einige Erwartungen von uns werden enttäuscht werden.

Kinder im Schmerz

Vielleicht besteht einer der wichtigsten Kämpfe für unsere Kinder darin, daß wir ihnen zur Seite stehen, wenn sie erleben, wie sich ihre

Ängste plötzlich zu Bergen auftürmen. Jugendliche können nicht warten, Drogenbenutzer können nicht einmal eine Minute auf den ersehnten Effekt warten. Die Droge »Crack« wirkt bereits nach 22 Sekunden. Wir müssen jungen Menschen helfen, mit schweren Enttäuschungen fertig zu werden. Wenn wir sie dazu bringen können, eine Nacht lang zu warten, bevor sie ihren negativen Reaktionen Ausdruck geben, dann kann sich am nächsten Morgen das ganze Bild bereits gewandelt haben.

Jugendliche müssen sich abreagieren können, um sich von den Schmerzen zu erholen und mit dem Leid zurechtzukommen. Dafür brauchen sie einen freien Raum. Sie haben dann oft einen Heißhunger auf Süßigkeiten. Das schmeckt gut und tut gut – im Augenblick; aber gewöhnlich führt das in ein noch schlechteres Gefühlsstadium. Es ist kein Geheimnis – jeder Psychiater kennt das aus der Praxis, daß Teenager gerne in Depressionen schwelgen. Nach seiner Aussage sind aber nur 5% solcher Depressionen pathologischen Ursprungs. Da der depressive Zustand so anstrengend ist, reagieren junge Menschen oft mit feindseligem Verhalten. Als ich kürzlich ein Seminar für Seelsorge besuchte, hörte ich den Referenten sagen:

»Teenagern etwas Neues beizubringen ist wohl das Beste, das wir für sie tun können.« In einer Programminitiative in New York, an der viele jugendliche Analphabeten beteiligt waren, fand zuerst eine Unterweisung im Schwimmen statt, und dann wurden sie im Lesen unterrichtet. Denn geringe Selbstachtung ist oft mit der Unfähigkeit des Lesens verbunden – das Kind fühlt sich dumm. Man kann eine Blockade aber nicht mit einer andern Blockade abreißen – deshalb zuerst der Spaß im Schwimmbad.

»Wir brauchen einen Speicher mit guten Erlebnissen und guten Erinnerungen, von dem wir zehren können«, fügte der Referent hinzu. »Und eine bombensichere Art, einen fröhlichen Gedanken wachzurufen, wäre es zu sagen: ›Du hast ein wunderschönes Lächeln‹.«

Ich schrieb diese grundlegenden Wahrheiten in mein Tagebuch. Sie gaben mir Einsicht in meine eigenen Erlebnisse mit jungen Menschen:
- Berühre niemals ein Kind, außer in Liebe.
- Baue eine Beziehung auf.

- Du mußt *einen* Menschen retten. »Wenn du einen Menschen retten kannst, so ist es, als ob du die ganze Welt gerettet hättest.« (Talmud)
- Steh jenem hilfreich gegenüber, der verletzbarer ist als du. Tu dies, ohne eine Gegenleistung zu erwarten.
- Sei wie der Vater oder die Mutter, die du dir gewünscht hättest.
- Alle bedeutungsvollen Beziehungen sind mit Risiken verbunden.
- Wende Humor an, um ein nagendes Verlangen zu schwächen.
- Jetzt ist der einzige Moment, den ich habe.

Wir müssen Teenagern das Gefühl geben, wie Erwachsene behandelt worden zu sein, auch wenn wir sie oft tatsächlich wie kleine Kinder behandeln müssen. Wir müssen ihre Kleinkind-Bedürfnisse zufriedenstellen. Teenager sind Kinder im Übergangsstadium. Sie sind keine jungen Erwachsenen. Ihre Bedürfnisse, auch ihre emotionalen Bedürfnisse, sind jene von Kindern. Sie für Erwachsene zu halten ist einer der häufigsten Fehler, den Eltern, Lehrer und andere mit Jugendlichen machen. Viele Aufsichtspersonen von Teenagern übersehen das kindliche Verlangen nach dem Gefühl der Liebe und der Annahme; das Gefühl, gut aufgehoben zu sein und zu wissen, daß sich jemand wirklich um sie sorgt.

Der Sex-Kampf

Ein weiterer Kampf, den unsere Teenager mit unserer Hilfe zu bezwingen haben, ist jener der sexuellen Ganzheit. Wer niemals kontrovers ist, hat nichts zu sagen. Er ist langweilig. Walter und ich waren oft kontrovers. Als sein Buch »Ich liebte ein Mädchen« erschien, schlug es weltweit Wellen. Ich habe oft führende Christen getroffen, die mir sagten, daß ihr Leben durch dieses Buch verändert wurde. Wir vertraten einen klaren Standpunkt zum Thema Keuschheit, Enthaltsamkeit sexueller Beziehungen vor der Ehe. Wir glauben, daß Gott diesen Zaun zum Schutz unserer Jugendlichen errichtet hat und nicht zu ihrer Strafe.

Der häufige Partnerwechsel eröffnet nur einen armseligen Teil dessen, was Liebe ist. Verzweifelt einsame Menschen, die ein großes Bedürfnis nach Berührung haben, suchen nach dieser Nähe durch sexuelle Beziehungen. Ein solches oberflächliches Erlebnis wird aber keine Befriedigung schenken. Für ein Mädchen ist die erste Erfahrung der geschlechtlichen Vereinigung oft ein Grauen. Das zeigen die Gespräche von Jugendpsychiatern mit Mädchen – keines hatte bei der ersten sexuellen Vereinigung einen Orgasmus.

Eine solche Form des Geschlechtsverkehrs kann niemals eine akzeptable Basis für die Ehe bieten. Auch der Geschlechtsverkehr innerhalb der Ehe ist nicht genug, um eine Ehe aufrechtzuerhalten. »Eine Ehe schlägt fehl, der keine intellektuelle, rationale Entscheidung zugrunde liegt. Ehe ist auf Vertrauen, Humor und Verständigung gebaut; Sex und alltägliche Pflichten kommen an 9. und 10. Stelle der Rangliste. Die Ehe ist für jeden Zentimeter des Weges schwere Arbeit«, hörte ich in jenem Seminar für Seelsorger. »Es ist vor allen Dingen wichtig, den richtigen Menschen zu heiraten. Gebt diese Botschaft euren Kindern weiter: ›Ich möchte nicht, daß du geschlechtlichen Verkehr hast.‹ Das Reden mit euren Kindern wird ihr unangemessenes Verhalten hemmen. Bringt eure Kinder dazu, vorauszuplanen und ihre Pläne zu durchdenken!«

Verständigen

Die Verständigung mit unseren Kindern ist wesentlich zur Vermittlung der Disziplin (welche keine korrigierende Strafe, sondern Unterweisung ist) und der notwendigen Lehre.

Um sich richtig zu verständigen, muß man selbst genau und mitfühlend zuhören können und entschlossen sein, verstehen zu wollen. Sowohl wir als auch unsere Kinder müssen offen genug sein, nicht nur Alltägliches auszutauschen, sondern auch die eigenen Gefühle, Haltungen und Ansichten. Die meisten von uns sind mehr darauf bedacht, zu reden als zu hören. In Jakobus 1,19 heißt es: »Ein jeglicher Mensch sei schnell zum Hören, langsam zum Reden.«

Um das Gespräch im Fluß zu halten, können Antworten wie folgende helfen, auch um unser Gegenüber durch unser eigenes waches Interesse an ihm zu ermutigen:

»Könntest du das wiederholen? Ich habe dich nicht genau verstanden«; oder: »Ich sehe jetzt, was du meinst«; oder: »Das muß dir ziemlich zugesetzt haben . . .«

Wir verlangen ja mehr danach, selbst verstanden zu werden, als dem andern Verständnis zu zeigen. Deshalb müssen wir gut zuhören lernen, um nicht in einen »tauben« Dialog zu verfallen, wie Dr. Tournier das genannt hat.

Hier sind einige gute Regeln zur Verständigung zwischen Ehepartnern, und auch zwischen Eltern und Kindern:
- Konzentriere dich mehr auf das Verstehen und weniger auf das Verstanden-Werden; höre zu, anstatt zu reden.
- Lerne erkennen, wenn du aufgebracht bist.
- Drücke deine Gefühle nicht anklagend, sondern einfach und klar aus.
- Wenn eine Meinungsverschiedenheit besteht, dann seid euch eben einig in der Uneinigkeit. Gebt niemals vor, übereinzustimmen, wenn es nicht zutrifft – und besteht nicht darauf, das Problem jeder Auseinandersetzung lösen zu müssen.

Die Einheit der Eltern

Das Wohlergehen der Kinder hängt mehr von der Einheit der Eltern ab, als von deren Sachkenntnis über Kindererziehung. »Der beste Weg, dein Kind zu lieben, ist es, die Mutter zu lieben«, und: »Der beste Weg, dein Kind zu lieben, ist es, den Vater zu lieben.«

Meine Brüder und ich haben einmal darüber gestritten, wer von uns das Lieblingskind unseres Vaters war. Wir wollten unseren Vater testen. Er kehrte an jenem Tag von einer Reise zurück. Wir dachten, er würde denjenigen am liebsten haben, den er als ersten begrüßt. Ich werde den Moment nie vergessen, als er nach Hause kam und aus dem alten Auto stieg. Er betrachtete uns alle sehr liebevoll, und dann sagte er: »Eure Mutter zuerst.« Als sich meine Eltern vor uns umarmten, empfand ich das warme Gefühl der Sicherheit. Sie gehörten zusammen, und ihre Liebe schützte uns. Das war wirkliche »Geborgenheit«. Eltern können viele Fehler dadurch wieder gutmachen, wenn sie vor ihren Kindern ihr festes und liebendes Bündnis offen bezeugen.

Mein Lieblingsgedicht zu diesen Betrachtungen ist von Joseph Bayley aus seinem kleinen Buch »Psalms of my Life«*. Es heißt:

* Joseph Bayley, *The Psalms of Life*, Tyndale Treasury Series, Wheaton 1969, S. 4

Ein Psalm der Liebe

Danke für die Kinder
die nun sind
weil wir liebten
Gott der Liebe
behüte unsere Liebe
damit sie
als Ganzes aufwachsen
im Überfluß der Liebe.

Allein mit Kindern

Die Einheit der beiden Eltern ist für die Kinder von größter Wichtigkeit. Ich weiß aber auch, was es bedeutet, eine allein lebende Mutter zu sein und die Bürde des gleichzeitigen Mutter- und Vaterseins zu tragen, so wie es meine Mutter vor mir tat. Ich hatte das nach Walters frühem Tod zu lernen.

Heute wird von fünf Haushalten einer von einer allein lebenden Person geführt. An vielen Orten ist dieses Verhältnis auf eins zu vier oder gar auf eins zu drei angewachsen. Fünfundvierzig Prozent aller heute geborenen Kinder werden bis zu ihrem achtzehnten Lebensjahr zeitweise mit nur einem Elternteil leben.

Wer also Kinder hat und allein für sie sorgen muß, steht vor einer riesigen Aufgabe, für die man die Unterstützung und die Ermutigung von anderen Menschen braucht. Diese Hilfe ist aber noch wichtiger für die Kinder, die ebenfalls auf die Freundschaft von anderen Eltern angewiesen sind. So können die befreundeten Männer einem vaterlos aufwachsenden Kind etwas bieten, was die alleinstehende Mutter nicht kann: die Freundschaft und das Beispiel eines christlichen Mannes. Gott hat versprochen, den Vaterlosen ein Vater zu sein (Psalm 68,5). Er wird dies auf eine wunderschöne Art und Weise verwirklichen – auch durch die Väter der Gemeinde des Leibes Christi, in der näheren Umgebung ...

Dabei beobachte ich viele pflichtbewußte ledige Elternteile, die sich zwar intensiv der Erziehung ihrer Kinder und dem eigenen Beruf widmen, jedoch vergessen oder übersehen, daß es da noch Beziehungen gibt, die für die »Restfamilie« einen unschätzbaren Wert darstellen: die Gemeinde und ihre Glieder. Da entdeckt die Mutter plötzlich: Du bist keine »ledige« Person mehr. Du gehörst zu dem Herrn, der so an deinem Leben teilnimmt, als wäre es sein eigenes. Du bist nicht mehr allein als Elternteil, denn Er ist in deinem Leben ...

Als allein lebender Elternteil sind wir Prüfungen ausgesetzt: Wir haben Zeiten tiefster Entmutigung zu bestehen, kommen in die Versuchung, wegzulaufen, uns selbst zu bemitleiden, uns gar zu hassen. Wir zweifeln an Gottes Liebe, werden von Gefühlen eigener Unzulänglichkeit überwältigt und lassen uns verleiten, diejenigen zu beneiden und zuweilen gar zu hassen, die noch mit ihren Ehepartnern zusammen sind.

Aber ich habe es erfahren, daß allein lebende Eltern, die mit der Hilfe Gottes rechnen, weiterkommen. Unsere Aufgabe ist lösbar. Das zeigen Männer und Frauen der Geschichte, die von mutigen und hingebungsvollen Müttern bzw. Vätern aufgezogen wurden. Das zeigen Beispiele aus der Bibel wie Joseph, der Sohn Jakobs. Seine Familie mußte monatelang durch die Wüste vor dem aufgebrachten Schwiegervater fliehen. Ihr Ziel war die Heimat, wo sie ein wahrscheinlich noch immer wütender Zwillingsbruder des Vaters – Esau – erwartete. Sie hatten keinen sicheren Platz, und während dieser Zeit starb die liebevolle und schöne Mutter. Seine zehn älteren Halbbrüder verachteten ihn. Sie wollten nichts mit ihm zu tun haben, weil er der Liebling ihres Vaters war. Alle Umstände waren dermaßen gegen Joseph gerichtet, daß er sich eigentlich zu einem unsicheren, ängstlichen, tyrannischen oder verwöhnten jungen Mann hätte entwickeln müssen. Durch Gottes Gnade und durch die Beziehung zu seinem Vater Jakob (und dadurch zu Gottes großen Plänen mit seiner Familie) wurde Joseph ein großer Mann Gottes. ...

Jakob, der Vater, war gewiß kein perfekter Heiliger. Aber er liebte seinen Sohn Joseph, und diese Liebe drückte er aus, indem er für seinen Sohn da war, durch Disziplin und klare Führung. Jedes Elternpaar und jeder einzelne Elternteil schafft die Führung im Leben des Kindes durch das, was sie sind. Wenn jemand wirklich Jesus Christus nachfolgt, dessen Kind wird es spüren. Sicher wird sich der allein erziehende Elternteil zuweilen unbehaglich, alleine oder unzulänglich fühlen. Gib solchen Gefühlen nicht nach! Nimm sie zur Kenntnis, und dann bitte Gott um die erneute Gewißheit, daß Er nun an die Stelle deines verlorenen Partners tritt und daß Er und seine Leute um dich alles sind, was du brauchst.

Nachdem ich selbst schon früh ohne irdischen Vater aufwachsen mußte, kann ich bestätigen: Er ist den »Vaterlosen ein Vater«. Er ist auch den Hilflosen eine Hilfe. Die Aussage eines lieben Freundes war eine große Erleichterung für mich und half mir, als allein lebender Mutter, die richtige Perspektive der Elternschaft zu wahren: »Ingrid, deine Kinder sind nicht deine Probleme, sondern Gottes Probleme.«

Mutter werden, den Akt der Geburt erleben – das ist kein einmaliges Erlebnis. Ich beobachtete an meinen eigenen Kindern, daß sie in ihrer körperlichen und emotionalen Entwicklung durch siebenjährige Zyklen gehen. Sie werden buchstäblich alle sieben Jahre wieder geboren, und ich als ihre Mutter muß ihnen beistehen und sie immer wieder im Gebet und in der Liebe tragen. Es scheint, daß sich immer eines meiner Kinder in einer Zeit des Suchens, Verlangens und des neuen Wachstums befindet. Ich kann ihnen aber das, was sie nun brauchen, nicht geben. Ich habe gelernt, daß meine Kinder in solchen Zeiten nicht meine, sondern »Probleme Gottes« sind. Und mein Vertrauen zu Ihm, daß Er mit Seinen Problemen auf eine übermenschlich liebevolle Weise umgeht, wurde noch nie enttäuscht.

Der Verzicht

Wir müssen verzichten lernen – darauf stößt uns das praktische Leben immer wieder. Doch dem, der sich diesem Lernprozeß unterzieht, enthüllt sich ein Geheimnis. Wir üben uns im Ablegen von Lasten.

Ein Gegenstand solcher Übungen sind unsere Kinder: Wir sollen lernen, sie Gott zu übergeben. Das bedeutet nicht, sie zu verlassen, sondern sie in Gottes Hände zu legen, in dem Vertrauen, daß Er's mit ihnen gut machen wird – besser, als wir es je können. Doch hier bedeutet Verzicht auch Verzicht auf den Stolz auf unsere Kinder und unsere Fähigkeiten, aus ihnen etwas so Glänzendes gemacht zu haben.

Nein, prahlen wir doch lieber mit der Güte Gottes den Kindern und uns gegenüber; mit allem, was er uns durch die Kinder gelehrt hat; mit dem von Gott gegebenen Privileg, die Kinder zu umsorgen. Gibt es denn ein Größeres als die anvertraute Pflege eines neuen Lebens für Gott?

Verzicht bedeutet aber auch, daß wir aufhören, uns ununterbrochen an unseren Kindern freuen zu müssen. Wir können diese Freude vergiften, wenn wir nicht darauf vorbereitet sind, auf dieses Vorrecht zu verzichten. Es mag mein Privileg sein, wenn ich Freude an meinen Kindern habe, mein Recht ist es nicht. So verzichte ich auch auf das Recht, die Haltung meiner Kinder zu bestimmen, obwohl dies dem Verzicht auf den Frieden mit ihnen gleichkommt. Es bedeutet beinahe, das Recht auf ihre Achtung aufzugeben. Aber viel wichtiger ist es, daß wir unseren Kindern jene Würde zugestehen, die sie mit den wirklichen Konsequenzen ihres Verhaltens konfrontiert. Das wird schmerzhaft sein – für uns, für sie. Doch Verzicht ist, wenn er seinen Namen verdienen soll, immer schmerzhaft, und nun heißt es, den durch Verzicht gewonnenen neuen Spielraum nicht durch Bitterkeit zu verspielen. Die göttliche Reifeprüfung besteht dann in der Frage nach der Verbindung von Zärtlichkeit und Entschlossenheit, wie es der große Israelit Samuel in seiner Abschiedsrede den Leuten Israels vor Augen führt: »Es sei aber auch fern von mir, mich an dem Herrn dadurch zu versündigen, daß ich davon abließe, für euch zu beten und euch zu lehren den guten und richtigen Weg« (1. Samuel 12,23).

Der Segen Hannas (1. Buch Samuel 2)

Die Nöte der unfruchtbaren Hanna um ein eigenes Kind veranlaßte sie, ihr Herz »vor dem Herrn auszuschütten«. Sie muß das in solch selbstvergessener Heftigkeit getan haben, daß Eli, der Hohepriester, sie für betrunken hielt. Sie empört sich nicht. Sie offenbart sich:

»Ich bin ein betrübtes Weib; Wein und starkes Getränk habe ich nicht getrunken. ... ich habe aus meinem großen Kummer und Herzeleid so lange geredet«, woraufhin Eli antwortet:

»Geh hin mit Frieden. Der Gott Israels wird dir die Bitte erfüllen, die du an ihn gerichtet hast.«

Sie empfing und hatte einen Sohn, den sie Samuel nannte, »denn, so sprach sie, ich hab ihn von dem Herrn erbeten«.

Hanna übergab ihr Kind dann wieder dem Herrn. Sie verzichtete auf ihr Recht des Besitzens, der Freude, des Stolzes vor anderen Menschen; sie verzichtete sogar auf das Recht, auf die Entwicklung ihres Sohnes Einfluß zu nehmen und sich so für alle ihre Tränen zu entschädigen. Ihr Sohn sollte die Geschichte Israels verändern. Das Formen einer solchen Persönlichkeit ist das Werk von Gott selbst.

Hannas wunderbares Loblied aus Samuel 2 war schon immer ein Labsal für mein Herz. »... und ist kein Fels, wie unser Gott ist. ... Der Bogen der Starken ist zerbrochen, und die Schwachen sind umgürtet mit Stärke«, singt sie. Nach der Entwöhnung des Sohnes besuchte ihn Hanna jedes Jahr einmal und brachte ihm ein selbstgemachtes Oberkleid. Dahinein hatte sie wohl alle ihre mütterliche Liebe gewebt und genäht, um ihn auf ihre Weise zu ummanteln. Sie wurde vom Priester gesegnet: »›Der Herr gebe dir Kinder ... anstelle des Erbetenen.‹ ... Und der Herr suchte Hanna heim, daß sie schwanger wurde, und sie gebar noch drei Söhne und zwei Töchter.« (1. Samuel 2,20.21)

Gehen lassen

Eine Mutter von Teenagern und jungen Erwachsenen schrieb mir aus Australien:

»In einem Buch mit Meditationen über das Leiden Christi las ich folgenden Satz: ›Durch den Kampf Jesu in Gethsemane hat er folgendes unter Beweis gestellt: Je mächtiger die Früchte seines Dienstes sind, desto aufopfernder wird unser Weg sein und desto bedeutungsloser wird unser Pfand erscheinen.‹ An meinen älter werdenden Kindern sehe ich nun, daß es nicht leicht ist, sie loszulassen. Man kann es nicht verhindern, daß man mitleidet, wenn sie durch wirklich schwere und gefährliche Zeiten des Lebens gehen. Wir wollen sie festhalten und sie beschützen, aber das ist nicht der Weg Gottes – das kann ich nun sehen. Wir müssen ihm erlauben, nach seinem Willen mit unseren Kindern zu verfahren. Wenn sie ihm in dieser verletzten Welt dienen sollen, dann müssen sie Verletzungen und Schmerzen selbst erfahren.«

Der größte Verzicht, den ich üben mußte, war es, meine Kinder dem Schmerz auszusetzen. Aber sie müssen ihr eigenes Gefährt steuern.

Das Gebet

Vor langer Zeit hatten Walter und ich entdeckt, daß alle jungen Menschen Hilfe brauchen; wir hatten aber auch entdeckt, daß wir nicht immer zur Stelle waren, wenn unsere eigenen Kinder dieser Hilfe bedurften. Jedesmal, wenn wir das Privileg hatten, einem jungen Menschen während einer Lebensentscheidung beizustehen, beteten wir für unsere eigenen Kinder, daß sie von der richtigen Person zur richtigen Zeit die notwendige Hilfe erfahren würden.

Ein großer Kämpfer im Gebet, Herman Petit, sagte einmal, wir sollten im Gebet den siebenjährigen Zyklus des Wachstums beachten. Unsere Kinder sind wie kleine Bäume, die wir vorsichtig pflanzen, indem wir die Erde düngen und bewässern. Selbst ein Obstbaum braucht manchmal sieben Jahre, bevor er seine ersten Früchte trägt. Gott hat uns zu treuen Dienern berufen, diesen Baum zu umsorgen. Manchmal ist es nötig, diesen Baum an einen Pfosten zu binden, damit er gerade in die Höhe wächst und nicht bei starkem Wind abbricht. Dann kommt die Zeit – gerade wie in der jugendlichen Phase eines Kindes, in der dieser Pfosten entfernt wird. Sonst könnte der Baum nicht unabhängig wachsen und stark werden. Er würde sich immer an der seitlichen Stütze und nicht am freien Raum zum Himmel orientieren.

Diese Zeit ist entscheidend, denn die Macht unserer verborgenen Kräfte kommt nun zum Tragen.

Ich kenne keine andere Macht, die so groß wäre, wie die des Gebetes. Es bringt himmlische Mächte in unser Heim und in das Leben derer, die wir lieben.

Eine meiner Kusinen hat fünf Kinder. Sie sind im Alter meiner Kinder. Ihr Mann wurde durch einen Stromschlag getötet, als er versuchte, das Kätzchen seiner Kinder zu retten. Sie schrieb mir neulich:

»Eine meiner Töchter lebt ein für sie schädliches Leben. Doch ich erinnere mich, wie meine Kinder im Verlauf ihres Erwachsenwerdens gefährliche Entscheidungen zu fällen hatten. ›Das kann nicht Gottes Wille sein‹, klagte ich. ›Er sollte etwas tun, um diese Entwicklungen aufzuhalten!‹ Ich hätte besser in Stille auf Klarheit über Gottes Willen warten sollen. Diese Erfahrung lehrte mich, zuerst für meinen Glauben zu beten, um dann ehrlich sagen zu können: ›Dein Wille geschehe!‹ Nun erst kann ich voll Vertrauen für meine Kinder beten.«

Es gibt ein großes Versprechen im Buch Jesaja, das ich für meine Familie in Anspruch nahm:

»Und alle deine Söhne (das schließt natürlich die Töchter ein) sind Jünger des Herrn, und großen Frieden haben deine Söhne« (Jes. 54,13).

Fragen:

1. Bejahen Sie folgenden Satz oder lehnen Sie ihn ab, daß es nämlich falsch ist zu denken, daß Eltern für die Fehler ihrer Kinder verantwortlich seien. Eltern sind auch nicht für den Erfolg ihrer Kinder verantwortlich.

2. Tragen Sie Ihre Kommunikation mit jedem Ihrer Kinder auf eine Skala von 1–10 ein. Dann bedenken Sie die hier empfohlenen Vorschläge zu besserer Kommunikation. Welche werden für Sie die hilfreichsten sein? Inwiefern werden sie helfen?

3. Bilden Sie als Ehepaar eine geeinte »Front« gegenüber Ihren Kindern? Wie machen Sie beide den Kindern klar, daß Sie – die Ehepartner – immer Nummer 1 füreinander sind?

4. Hilft Ihnen Ihre persönliche Beziehung zu Gott im Verhältnis zu Ihren Kindern – und wie?

11. Die befreite Macht des Paares

Loslassen

Ich kann mich nicht erinnern, wer mir das sagte – ich glaube, es war der Herr: »Lerne auf deinen eigenen Füßen stehen.« Nach dem Tode meines Mannes hielt ich immer nach demjenigen Ausschau, den Gott dazu berufen hätte, Walters Arbeit fortzusetzen. Ich wollte daran beteiligt sein, wollte aber nicht die Verantwortung dafür übernehmen; eher wollte ich mich an Freunde, an meine Kinder, meine Schwiegerkinder und an christliche Führer anlehnen. Ich konnte spüren, wie Gott mit leichten Anstößen seines Geistes meine Aufmerksamkeit suchte, aber ich hoffte, Er würde an meiner Person vorbeiblicken: nach jemandem der nächsten Generation, jemandem, der die Gabe hat zu strukturieren, zu planen, kreativ zu sein, zu leiten und Dinge in Bewegung zu setzen. Ich fühlte mich einfach wohler in der Rolle des Pflegens – etwa der Passagiere im Boot, sicherlich aber nicht mit der Steuerung des Kurses beauftragt, den dieses Boot nimmt.

Ich brauchte sieben lange Jahre, bis ich Ja zu meiner Berufung durch Ihn sagen und die Verwirklichung der Vision angehen konnte. Ich mußte mich von meinem Ehemann lösen, an dem ich mich in all den sieben Jahren nach seinem Tod orientiert hatte. Ich mußte begreifen, daß Gott von mir erwartete, daß ich mich auf meinen eigenen zwei Füßen bewege. Die Erinnerungen, so gut sie auch waren, konnten mir den steilen Anstieg, der vor mir lag, nicht ersparen.

»Walter ist gestorben. Du aber nicht. Geh weiter«, war der kurze Ausspruch einer Freundin. Ich war davon überzeugt, daß auch ich bald sterben würde.

Ich hatte bis dahin sicher und leichten Herzens das gute Rezept für das Aufziehen von Kindern weitergegeben: »Habt sie, liebt sie und laßt sie gehen.« Als jedoch mein jüngstes Kind das Zuhause für immer verließ, entdeckte ich, wie schwierig das war. Im Laufe meines Lebens fragten mich Frauen immer wieder: »Frau Trobisch, mein Nest ist leer. Was soll ich tun?« Ich antwortete gelassen: »Dann fülle es schnell wieder.« Es war aber nicht so einfach. Wenn ich das Alter all meiner Kinder zusammenzähle, dann war ich länger als 150 Jahre Mutter. Dann gab es noch die Hochzeiten – fünf in elf Jahren –, und nun sollte ich mit solch einem öffentlichen Ereignis von meinen Kindern Abschied nehmen. Ich habe gehört, es sei der niedrigste Punkt im Leben einer Frau, wenn sie ihr letztes Kind gehen lassen muß. War mein Herz groß genug, um nach dem Gedicht von Anne Lindbergh zu handeln?

> »Den ich liebe, dem wünsche ich,
> Frei zu sein –
> Sogar von mir.«

Wie können wir unsere Kinder in die Freiheit entlassen? Ich kenne keinen anderen Weg, als unsere Kinder zu segnen und auch wirklich hinter diesem Entschluß zu stehen. Jakob brauchte den Segen seines Vaters, als er das Zuhause seiner Kindheit verließ, um vor der mehr oder minder gerechten Strafe zu fliehen. Und Isaak, der Vater, war nicht so selbstgerecht, dem Sohn den Segen zu verweigern.

Auch wir müssen einander segnen, um diese Freiheit zu erlangen, ohne danach zu fragen, ob wir diesen Segen auch wirklich verdienen – wer hätte je den Segen Gottes »verdient«?

Vor ihrem Tode rief mich meine liebe Großmutter an ihr Krankenbett und segnete mich in meiner Berufung, nach Afrika zu gehen. Zwei Monate, bevor Walter starb, mußte ich in Indonesien ein Eheseminar ohne ihn halten. Walter segnete mich für das gute Gelingen. Wir sahen die Arbeit Gottes, als er eine neue Bewegung in diesem Land startete, »Die befreite Macht des Paares«. Nun war ich Witwe, und es war Zeit für einen neuen Schritt. Ich war durch den Brief eines kanadischen Freundes dazu ermutigt:

»Möge dich der Herr reichlich segnen in deinem Schmerz ... in dieser Zeit, in der du loslassen mußt. Der Herr hat auch von deiner Mutter ein solches Aufgeben verlangt, sowie von seiner (Walters) eigenen Mutter. Setze deinen Weg der Freude fort und sei gewiß, daß dein Zeugnis für uns alle durch die Liebe und das Gebet der weltweiten Gemeinde unterstützt wird, der ihr euch beide bedingungslos hingegeben habt. ›Und wenn ich hingehe, euch die Stätte zu bereiten ... – den Weg wißt ihr.‹« (Joh. 14,2.4)

Loslassen bedeutet, daß wir einsam werden. Als Kinder oder junge Erwachsene hatten wir dieses Gefühl der Einsamkeit, wenn wir zurückgewiesen wurden. Aber den Schmerz beim Loslassen des Lebenspartners verkraften heißt: auf den eigenen zwei Füßen stehen und gehen lernen; das war es, das Gott mir beizubringen suchte. Meister Eckhart, der große christliche Mystiker, formulierte es so: »Unser Loslassen geschieht, damit Gott Gott in uns sein kann.«

Ich schrieb über dieses Loslassen in meinem Buch *Allein leben lernen:* »Um zu überleben und aus meiner Subjektivität herauszuwachsen, befolgte ich bestimmte Regeln der körperlichen Ertüchtigung: Eine ausgeglichene Diät; genügende Aufnahme von Flüssigkeit; regelmäßig körperliche Bewegung; täglich genügend Schlaf und Ruhe. Ich ging gern schwimmen. Für einige Minuten konnte ich vor meinen Lasten ›davonschwimmen‹. Manchmal reichte auch schon ein Spaziergang, um diesen Abstand zu gewinnen. Und wenn mir ein Problem oder eine Frage auf dem Herzen lag, hat sie Gott dann oft beantwortet.

Daniel, mein ältester Sohn, hatte mich gefragt, ob er nicht Walters Ehering haben könnte. Wenige Tage später ging ich mit Betty, seiner Frau, ins Schwimmbad. Zwischen zwei Längen streifte ich meinen Trauring vom Finger und steckte ihn liebevoll an Bettys Hand. Ich war mit Walter Trobisch verheiratet, und was ich gehabt habe, kann mir keiner nehmen. Aber der Tod hat uns jetzt getrennt. Ich muß loslassen, um weitergehen zu können.«*

---

* Ingrid Trobisch, *Allein leben lernen,* R. Brockhaus Verlag, Wuppertal 1986, S. 55

Der Psalmist sagt: »Gott ist uns Zuflucht und Stärke« (Psalm 46,1). »Zuflucht« hat viel mit Geborgenheit zu tun. Gott selbst verspricht, unser Platz des Schutzes und der Sicherheit zu sein. Können wir denn nach mehr fragen?

»Jeder von uns braucht eine Idee, für die er bereit ist, zu leben und zu sterben«, hat Kierkegaard einmal gesagt. Ich fragte mich: Für was bin ich bereit, zu leben und zu sterben? Nun – nachdem ich losgelassen habe, ist es, als ob Jesus mich berührt, wie er die gekrümmte Frau berührte. Ich kann wieder aufrecht stehen. Was verlangt er von mir während dieser nächsten Phase meines Lebens? Ich beginne gerade die mittleren sieben Jahre meines »mittleren Erwachsenseins« – es könnten die besten sieben Jahre meines Lebens werden.

Ohne zu zögern erkannte ich mein Ziel: ein Instrument zu sein, um die Macht des Paares freizusetzen. Was ist die Macht des Paares? Es ist die multiplizierte Kraft von zwei ganzen Menschen, die als Mann und Frau vereinigt sind. Zwei Menschen zusammen können mehr tun als zwei einzelne Menschen, besonders wenn sie wissen, daß sie als Mann und als Frau nach dem Bilde Gottes geschaffen wurden. Zusammen spiegeln sie als das Abbild Gottes Seine Liebe vor einer gebrochenen Welt wider.

Damit das möglich wird, müssen wir sowohl unsere männlichen als auch unsere weiblichen Züge sich entwickeln lassen. Wochenendfreizeiten scheinen die beste Möglichkeit zu bieten, um Ehepaaren diese Botschaft zu vermitteln. Ich könnte mindestens zwölf Ehepaare nennen, die an einer solchen Freizeit teilnehmen möchten. Die Seminare könnten weltweit an verschiedenen Zentren stattfinden. Über 500 Ehepaare sind in Deutschland an solchen Freizeiten schon unterwiesen worden, und der Effekt ihrer »Genesung« war ansteckend.

Wir alle gehen durch drei Phasen in der Entwicklung unserer »Liebe«: die auto-erotische Phase, die homo-erotische Phase und die hetero-erotische Phase.

Ich bin davon überzeugt, daß sich viele Ehen und viele Ledige noch in der ersten Phase befinden: »Ich will, was ich will, wann ich es will«. Das ist ein normales Verhalten von Babys und kleinen Kindern. Es ist die Krankheit unserer Zeit, und sie heißt »sofortige Befriedigung«.

Andere sind in der zweiten Phase steckengeblieben. Es ist gut, in der Phase der Pubertät gleichgeschlechtliche Freundschaften zu erleben. Wir müssen in der Lage sein, unsere Gefühle auszudrücken und unsere Gedanken mit gleichgeschlechtlichen Freunden auszutauschen. Nur dann werden wir dem anderen Geschlecht gewachsen sein.

Das reife Stadium der Liebe ist das hetero-erotische – die Liebesbeziehung zwischen einem reifen Mann und einer reifen Frau. Unser deutscher Pfarrer sagte uns, was es für ihn bedeutete, seine Frau zu lieben: »Der liebende Mann ist nicht jemand, der nach Liebe sucht, sondern der große Freude darin findet, Liebe zu geben. Dann kann seine Frau auch mit Liebe erwidern. Das, was du selbst gerne empfangen würdest, mußt du geben. Ein ganzes Herz zu gewinnen bedeutet, ein ganzes Leben zu geben. Die Ehe, diese nahe Beziehung zu einer Frau, ist eine Vorbereitung für den Mann. Hier kann er lernen, was ihm die Autorität für alle anderen Gebiete des Lebens und seines Berufes gibt.«

Viele junge Menschen heute – ja, vor allem auch junge Christen – glauben, daß sie nur den richtigen Partner zu finden brauchen, um alle ihre Probleme zu lösen. Dieses Lösen der Probleme muß aber innerhalb dieses Mannes oder dieser Frau selbst stattfinden und nicht mit Hilfe eines anderen. Diese jungen Menschen müssen dazu herausgefordert werden, gesunde und ganze Individuen zu werden, die sowohl ihre Männlichkeit als auch ihre Weiblichkeit angenommen haben. Wir haben sowohl eine Maria in uns, die zu Füßen Jesu sitzen will, als auch eine Martha, die mit vielen Details beschäftigt ist. Maria und Martha waren Schwestern.

Die Macht des Paares

Wir möchten das Wachstum von zwei Menschen, einem Mann und einer Frau, zur Ganzheit hin fördern. Wenn sie zusammenfinden, ergibt es ein drittes Ganzes. Das ist die »Macht des Paares«. Sie beginnt mit 300 % und multipliziert sich, wenn die Ehepartner einander erlauben, zu blühen und zu wachsen. Wenn sich zwei halbe Portionen verheiraten, Mann 50 % und Frau 50 %, dann streichen sie einander oft aus und können von Glück reden, wenn sie 25 % erreichen. Zeit, Geld, Sex schaffen Probleme für sie, und sie müssen Einsicht und Weisheit erst noch entwickeln, um damit richtig umgehen zu können.

Die Ehe ist harte Arbeit. Sie ist kein Ziel, sondern Wachstum. Sie braucht Pflege und eine kontinuierliche Zufuhr jener Kraft, die der sicheren und liebenden Beziehung eines Menschen mit der Quelle aller Kraft entspringt. Ohne diese Zufuhr brennt es nur für eine Weile. Wenn kein Holz mehr nachgelegt wird, dann geht das Feuer aus. Ein Häufchen Asche bleibt zurück.

Der Mann, der seine Ehe nicht ausbrennen lassen will, muß seine Frau darin bestätigen, daß sie gut für ihn ist. Denn gerade das könnte sie sehr leicht anzweifeln, wenn ihr strebsamer Mann seinen täglichen Geschäften außer Hause nachgeht, während sie mit Geschirr und Windeln zurechtkommen muß. Sie fragt sich: »Braucht er mich wirklich? Könnte er nicht mehr für seine Firma – für das Reich Gottes tun, wenn er nicht verheiratet wäre, wenn er wie Jesus im Zölibat lebte?« Das größte emotionale Bedürfnis einer Frau ist das Bedürfnis, gebraucht zu werden und in ihrem eigenen Wert anerkannt zu werden. »Arbeitet deine Frau?« wurde mein Schwiegersohn, David Stewart, einmal gefragt. »Sicherlich«, antwortete er, »viel härter als ich.« Katrine war zu Hause mit ihren Kindern im Vorschulalter. Sie glaubt an ihre Berufung als ein »Menschen-Macher«.

Und wie ist es mit dem Mann? Was ist sein größtes Bedürfnis? Ich glaube, daß ein Mann in seinem Herzen leichter und schwerer verletzbar ist als eine Frau. Ich las einmal: »Männer sind hart, aber zerbrechlich. Frauen sind weich, aber zäh.« Frauen können sich leichter anpassen und besser mit Situationen zurechtkommen. Die Selbstmordrate ist höher bei Männern, und mehr Männer sterben auch am Herzinfarkt.

In seinem Buch »Der mißverstandene Mann« schrieb Walter*:
»Die Rolle, die wir Männer nicht zur Zufriedenheit spielen können, ist die des starken Geschlechts. Wir überanstrengen uns gewaltig dabei und bringen doch keine glaubhafte Darstellung zustande. Spätestens in der Ehe lernen wir, daß wir damit keinen Beifall ernten.

* Walter Trobisch, *Der mißverstandene Mann*, Edition Trobisch, 1983, S. 24 und 25

Die Frau durchschaut unser Spiel. Sie möchte ihren Mann als Mensch, als Mensch, der seine Schwächen nicht versteckt, sondern sich zu ihnen bekennt und sich mit ihnen seiner Frau anvertraut.«

Die Liebe sieht den anderen so, wie er ist, und nimmt ihn in dieser Weise an. Liebe bedeutet auch, daß ich mich vor meinem Partner nicht zu schämen brauche, da er mich annimmt, wie ich bin.

Wurzeln der Untreue

Aber was macht der Mann? Er verteidigt sich, weil er Angst davor hat, verletzt zu werden.

»Untreue ist ein Fluchtweg des enttäuschten Mannes«, schreibt Walter. »Seine Enttäuschung hat in diesem Falle mit seiner Ehe gar nichts zu tun. Viele Männer mit angeblich starkem Geschlechtstrieb, der sie zu außerehelicher sexueller Bestätigung drängt, leiden unbewußt daran, daß ihr Ehrgeiz und ihre Hoffnungen auf anderen Gebieten unerfüllt geblieben sind.«

Die andere Wurzel der Untreue ist das Verlangen nach Geborgenheit, diesem wunderbaren deutschen Wort. Es kommt von dem Wort »bergen« und »Burg«. Es ist der sichere Platz, an dem du nichts zu fürchten hast. Geborgenheit ist das Fundament, auf dem die Ehe aufgebaut ist. In einer lebendigen Ehe fühlt sich jeder Ehepartner geschützt, er hat keine Angst. Er kann ganz unbesorgt sein, weil er davon überzeugt ist, daß der Ehepartner nur sein Bestes wünscht, so kann er ganz ruhig sein. Gibt ein Mann seiner Frau diese Geborgenheit? Findet ein Mann dieses Gefühl, wenn er mit seiner Frau zusammen ist? Wo Geborgenheit fehlt, kann die Schuld entweder beim Mann oder bei der Frau liegen, meistens aber sind beide Partner an diesem Mangel schuldig.

Das Ziel unserer Eheseminare liegt darin, den Ehepartnern zu helfen, ihre Geborgenheit zu finden und zu teilen und die Macht des Paares zu befreien. Zuerst gewinnt man diese Erkenntnis durch Lehre; dann folgt die Einsicht, und schließlich eine Veränderung im Verhalten. Die Umgebung mit dem »geschriebenen Dialog« hilft dem einzelnen, mit seinen Gefühlen in Berührung zu kommen, aber auch mit den Gefühlen seines Partners. Christus liebt uns, wie wir sind, aber er läßt uns nicht, wie wir sind. »Du kannst deinen Partner nicht ändern, du kannst nur dich selbst ändern.«

Es war mein Privileg, Ehepaare kennengelernt zu haben, die das Gesicht ihrer Umwelt durch die »Macht des Paares« verändert haben – Paare, die über zehn Jahre lang in unseren Seminaren zusammen gearbeitet haben. Ein Teilnehmer sagte einmal zu einem der leitenden Ehepaare: »Es ist nicht so revolutionär, was ihr zu sagen habt; daß ihr es zusammen sagt, das ist, was zählt.«

». . . daß ihr es zusammen sagt . . .« – das ist die Macht des Paares! Ihre drei wichtigsten Wurzeln sind: Vergebung, Verpflichtung und Annahme. Diese werden in der privaten, geheimen und sicheren Beziehung zu ihrem liebenden Vater gefunden. Paulus schreibt an Priska und Aquilla – ein Ehepaar – und die Gemeinde in ihrem Hause. Diese zwei lebten mit der befreiten Macht ihres Paar-Seins, und andere fanden dadurch ihre eigenen inneren Kräfte.

Fragen:

1. Was ist »die Macht des Paares«? Übertragen Sie die Ausführungen dieses Buches auf Ihre eigene Ehe. Wie will Gott nach Ihrer Meinung seine Absichten mit Ihrer beider Hilfe verwirklichen?

2. »Ehe ist harte Arbeit – sie ist nicht Ziel, sondern Wachstum« – Können Sie diesen Satz bejahen – wenn nicht, warum nicht?

3. Nennen Sie fünf Dinge, die ein Mann von seiner Frau, und danach ebenso fünf, die eine Frau von ihrem Mann braucht, wenn die Flamme weiter brennen soll.

4. Auf welchen drei Gebieten braucht Ihr Ehepartner »Geborgenheit«? Denken Sie noch einmal darüber nach, auf welche Weise Sie helfen können, um Ruhe, Sicherheit und Schutz zu vermitteln.

12. Der Weg
heimwärts

Ich bat Stephen, meinen jüngsten Sohn, in einem Familienbrief etwas über seinen Vater zu sagen.

»Vater wird für mich immer als Reisender in Erinnerung bleiben«, schrieb er. »Es war für mich immer eines der schwersten Opfer, ihn mit meiner Mutter einfach wegfahren zu lassen. Besonders als ich noch klein war, empfand ich das so. Doch in dem Augenblick, da wir wieder zusammen sein konnten, war es, als ob all das Warten, das Bangen und das Gefühl des Verlassenseins wie weggewischt wären. Ich kann mich gut erinnern, wie er mich einmal fragte, was mich denn glücklich macht. Ich sagte: ›Das Wieder-nach-Hause-Kommen.‹ Er erwiderte: ›Wie kann man nach Hause kommen, wenn man nicht fortfährt?‹«

Wo das Zuhause ist

Die Quelle der verborgenen Kräfte ist unser Haus. Deshalb ist es wichtig zu wissen, wo wir zu Hause sind.

Ich kam neulich von einer sechswöchigen Reise wieder nach Hause. Sie hatte mich durch fünf europäische Länder geführt. Während dieser Zeit schlief ich selten mehr als zwei Nächte in demselben Bett. Ich lebte aus meinem Koffer. Meine Bibel, mein Losungsbüchlein mit hineingeklebten Bildern meiner Familie, mein Tagebuch und mein Notizbuch waren für einige Wochen mein »Zuhause«. Hätte ich diese Anstrengungen ausgehalten, wenn ich nicht gewußt hätte, daß ich nach sechs Wochen wieder zu meinem »Platz« in Springfield – dem »Haus der Geborgenheit« – zurückkehren konnte? Ich weiß es nicht. An dem Tag, als ich wohlbehalten heimgekehrt war, lobte und pries mein Herz meinen himmlischen Vater, der mir dieses Zuhause geschenkt hatte. Ich mußte an die Israeliten denken und an ihre Freude, als sie nach dem Exil wieder nach Jerusalem heimkehrten – »... so werden wir sein wie die Träumenden. Dann wird unser Mund voll Lachens und unsre Zunge voll Rühmens sein« (Psalm 126,2). Wenn es solch eine Freude ist, in unser irdisches Zuhause zurückzukehren, wie unerhört groß muß dann unser Jubel sein, wenn wir unser himmlisches Zuhause erreichen!

Jesus ruft: »Kommt her zu mir alle, die ihr mühselig und beladen seid« – »Wer zu mir kommt, den werde ich nicht hinausstoßen« – »Wer mich liebt, der wird mein Wort halten, und mein Vater wird ihn lieben, und wir werden zu ihm kommen und Wohnung bei ihm haben...« (Johannes 6,37; 14,23). Das ist doppelter Schutz: ER in uns, wir in IHM – wir können ohne Angst leben, denn wir sind zu Hause!

»Was ist das Ziel deines Dienstes?« fragte ich meinen ältesten Sohn, Daniel, der sich mit Hilfe seiner Frau Betty um problembeladene Jugendliche in Österreich kümmert.

»Den Menschen den Weg nach Hause zu zeigen«, war seine stille Antwort.

Meine Ziele

Neulich machte eine gute Freundin die Bemerkung: »Ingrid, ich werde müde, wenn ich nur deinen Terminkalender sehe.«

Ich mußte ehrlicherweise zugeben: »Ja, Lil, ich auch, aber es lohnt sich.«

In allem, was ich tue, gibt es diese stille Dringlichkeit, eine innere Stimme, die mir sagt: »Tue es jetzt.« Ich habe gelernt, das Sakrament des gegenwärtigen Augenblicks zu genießen. Ich versuche »geschickter zu arbeiten, nicht härter«. Ich habe gelernt, daß Effizienz alleine nicht genug ist; man muß auch effektiv sein. Dazu brauche ich Ziele, die erreichbar sind, die ich vor Augen haben kann. Wir sprachen bei einem Treffen von Pastoren in Springfield über Lebensgestaltung. Ich wurde gebeten, über meine Ziele für dieses Jahr zu sprechen – es bestand hauptsächlich in der Organisation und Durchführung der »Quiet Waters Retreats«. Diese Freizeiten sind für Ehepaare bestimmt. Der Zweck ist die Erforschung ihrer Probleme und eine neue Ausrichtung, die zu einer tieferen persönlichen und liebenden Beziehung zum himmlischen Vater führen soll. Ich glaube, daß dies der beste Missionsdienst ist, den ich tun kann. Wenn dies zur Errichtung eines neugewordenen Zuhauses führt, in dem junge Menschen die unergründliche Macht des Heiligen Geistes erfahren, so ist mein persönliches Ziel – zumindest zum Teil – erreicht.

Um diese vier Freizeiten zu veranstalten, war es notwendig, ein leitendes Team zusammenzustellen, den geeigneten Platz und auch die Teilnehmer zu finden. »Drei Telefonate täglich«, war der Rat der Gruppe an mich. Er half. Jede Freizeit wurde reich beschenkt und führte problemlos in die nächste über, so daß wir bereits die Termine für das nächste Jahr festlegen konnten. »Auch die längste Reise beginnt mit dem ersten Schritt.« Daran denke ich, wenn die Teilnehmer sich heimwärts in Bewegung setzen.

Als ich vor einigen Jahren vom Lichtenberg nach Springfield umzog, fand ich auf meinem heutigen Grundstück eine hundertjährige Hütte vor. Das Dach war teilweise eingefallen, aber der Kamin und die Feuerstelle hatten die Jahre überstanden. Auch die handgefertigten Balken zur Halterung der Decke waren noch intakt. Das ganze Mauerwerk stand etwas schief, da an einer Ecke ein Baum gewachsen war und gegen die Hütte drückte. Ich fragte meinen Freund, einen Baumeister, was er von einer Restaurierung der Hütte hielte. Seine einzige Bemerkung war: »Gib mir ein Streichholz.« Am nächsten Tag kam er mit konkreten Vorschlägen zurück, wie man dieses historische Gebäude aus der Pionierzeit wieder aufbauen könnte. Der Wiederaufbau kostete mich das ganze Geld meiner Versicherungspolice und den Einsatz meiner kräftigen Neffen. Drei Monate später hatten wir eine Einweihungsfeier für unsere »Hütte des neuen Lebens«.

Jedesmal, wenn ich ihre Einfachheit und Stille genieße, denke ich an den Vers der Losung jenes Tages, als ich dort eingezogen bin:

»Und der Herr wird dich immerdar führen
und dich sättigen in der Dürre und dein Gebein stärken.
Und du wirst sein wie ein bewässerter Garten,
und wie eine Wasserquelle, der es nie an Wasser fehlt.
Und es soll durch dich wieder aufgebaut werden, . . .
was vorzeiten gegründet ward;
und du sollst heißen: Der die Lücken zumauert
und die Wege ausbessert . . .« (Jesaja 58,11.12)

Es ist alles gut

Heute habe ich fünf kleine Enkelsöhne im Alter zwischen zwei Wochen und sechs Jahren. Man braucht nur ihre Namen zu hören, um die Vision ihrer Eltern zu sehen, Peter, Andrew, Michael, Charles und James. Und ich habe drei Enkeltöchter: Christine, Virginia und Margaret Helen.

Margaret Helen hat Downssyndrome. Sie ist bereits zum Botschafter Gottes für unsere Familie geworden. Sie lehrte uns die Bedeutung des Geheimnisses: »Wie man sich lieben läßt.« Als ich die Nachricht von ihrer Geburt meinem Sohn Stephen mitteilte, sagte er: »Es ist alles gut, Mutter.«

Es waren dieselben Worte der Sunamitin, deren Geschichte in 2. Könige 4,8-37 nachgelesen werden kann. Als ihr geliebter Sohn starb, sagte sie zu dem Propheten: »Es ist alles gut.« Es war ein Wort der Annahme und gleichzeitig der Zuversicht auf das Wirken Gottes in dieser Situation. Sie war bereits auf ihrem Weg nach Hause. Ihr Glaube wurde bestätigt, und der Prophet erweckte ihren Sohn wieder zum Leben.

Diese innere Stärke wird auch von Paulus in Römer 5,5 beschrieben: »Die Liebe Gottes ist ausgegossen in unser Herz durch den Heiligen Geist, welcher uns gegeben ist.«

Thomas Merton sagt über den Sinn des Gebetes: Es ist »das Finden des innersten Mittelpunktes in uns selbst; es erweckt unsere tiefgründige Gegenwärtigkeit mit Gott, der die Quelle unseres Seins und Lebens ist.« Diese Beschreibung ist auch für die inneren Kräfte zutreffend.

Diese inneren Kräfte werden uns als Geschenk angeboten, aber wir müssen es annehmen, wir müssen es auspacken und uns zu eigen machen. Wir müssen nur zur rechten Zeit am richtigen Platz sein, das gibt uns das Gefühl der Stabilität und bereitet uns auf den Empfang dieses Geschenkes vor. Sonst könnte es wie bei einer Tür sein, die aus den Angeln gehoben wurde – Durchzug.

Es ist gesund, das Rückgrat aufzurichten, den Körper zu entspannen, wachsam zu sein. Es ist hilfreich, die Augen zu schließen, einige Male tief ein- und auszuatmen. Wir können uns vorstellen, daß wir uns beim Ausatmen von Ängsten und Sorgen befreien, daß wir beim Einatmen die Liebe Gottes in uns aufnehmen, und so freuen wir uns über die Fülle und das Leben im Geist. Wir überlassen uns ganz dem Herrn und gehorchen seinem Gebot, das lautet: »Werdet voll Geistes« (Epheser 5,18), was tatsächlich bedeutet, vom Heiligen Geist kontinuierlich kontrolliert und bemächtigt zu werden. Wir können allen unseren Ängsten und Sorgen den Abschied geben und die Liebe und das Leben Gottes annehmen.

Es half mir, meine Zeit des Gebetes mit Worten aus den Psalmen zu beginnen, wie zum Beispiel:

»Bewahre mich, Gott; denn ich traue auf dich.

Ich habe gesagt zu dem Herrn: Du bist ja der Herr!

Ich weiß von keinem Gut außer dir...

Ich habe den Herrn allezeit vor Augen;

steht er mir zur Rechten,

so werde ich fest bleiben ...

auch mein Leib wird sicher liegen ...

Du tust mir kund den Weg zum Leben:

Vor dir ist Freude die Fülle und Wonne

zu deiner Rechten ewiglich.« (Psalm 46)

Er hat mir versprochen, mich zum frischen Wasser zu führen und meine Seele zu erquicken (Psalm 23).

»Wer unter dem Schirm des Höchsten sitzt, wird unter dem Schatten des Allmächtigen bleiben ... Er wird dich mit seinen Fittichen decken, und Zuflucht wirst du haben unter seinen Flügeln« (Psalm 91,1.4). Nur dort ist wahre Geborgenheit und die Quelle der verborgenen Kräfte.

Fragen:

1. Jesus sagt: »Wer in mir bleibt und ich in ihm . . .« (Joh. 15,5). Was bedeutet das für Sie? Wie kann man »in ihm« sein?

2. Bedenken Sie das hier beschriebene »geistliche Atemholen«. Suchen Sie kurzfristig alles mit Gott in Ordnung zu bringen durch Sündenbekenntnis, sobald sein Geist Sie darauf aufmerksam macht. Und nehmen Sie seine Vergebung und die Reinigung durch ihn in Anspruch. Das ist der Schlüssel für das Leben mit Gott.

3. Ist Jesus Christus Ihre Geborgenheit? Steht irgendeine Person oder Sache zwischen Ihnen und Ihm? Geben Sie ihnen Raum der Sicherheit, des Schutzes, der Gelassenheit?

4. Lesen Sie Jesaja 58,11 laut und auf Ihre Situation bezogen!

Ingrid Trobisch

Ihr werdet erfahren, daß ich der Herr bin
Von Tcholliré bis Lichtenberg / Freundesbriefe 1953–1965

192 Seiten, Paperback, Bestell-Nr. 24063

»Ihr werdet erfahren, daß ich der Herr bin«, lautete das Motto des ersten gemeinsamen Rundbriefes, den Walter und Ingrid Trobisch 1953 vom Missionsfeld in Kamerun an die Freunde in der Heimat schickten. »Ihr werdet erfahren, daß ich der Herr bin« zieht sich wie ein roter Faden durch die ganze Arbeit von Tcholliré im fernen Afrika bis Lichtenberg in Österreich. Hier bezeugen Menschen die wunderbare Führung Gottes, eines Herrn, in dessen Dienst sie immer wieder das Staunen gelernt haben.

Viele kennen Walter und Ingrid Trobisch vor allem von Vorträgen her und als Autoren von Büchern zum Themenkreis Liebe, Ehe Familie. Hier nun gewinnen die Trobischs als Menschen Konturen. Der Leser nimmt Anteil an ihrem Leben und Weg und erfährt, wie sie zu ihrer speziellen Arbeit geführt worden sind.

Walter und Ingrid Trobisch

Allein leben lernen

120 Seiten, ABCteam-Paperback, Bestell-Nr. 12359

Walter und Ingrid Trobisch strahlten als Ehe- und Familienberater immer dann eine besondere Wirkung aus, wenn sie gemeinsam über die Einheit und die Besonderheit von Mann und Frau in der Ehe sprachen; wenn sie auf irgendeinem der Kontinente aufeinander warteten und dann vor die unterschiedlichsten Auditorien traten. Das Glück dieser Einheit war auch ihnen nicht in den Schoß gefallen; gerade darum konnten sie andere ermutigen, Illusionen aufzugeben und sich gegenseitig anzunehmen.

Als Walter Trobisch mit fünfundfünfzig Jahren plötzlich an Herzversagen starb, war alles zerbrochen. Ingrid war allein.

In diesem tagebuchartigen Bericht läßt Ingrid Trobisch den Leser an ihren Erfahrungen und Erlebnissen Anteil nehmen. Der Aufbruch mit allen Erinnerungen, dem Schmerz und erster Spur neuer Hoffnung bis zum Einwurzeln in neues Land wird zur Geschichte neuer Beauftragung: zu leben und in der neu erlebten Gemeinschaft mit Gott dieses Leben auch zu lieben und andere dazu zu ermutigen.

R. BROCKHAUS VERLAG WUPPERTAL

Ingrid Trobisch

Mit Freuden Frau sein, I

. . . und was der Mann dazu tun kann

136 Seiten, mit 12 Abbildungen, Paperback, ABCteam Bd. 10

Ingrid Trobisch ermutigt zum bewußten Erleben der eigenen Geschlechtlichkeit. Sie warnt davor, diesen Bereich zu verdrängen oder zu verabsolutieren.

Im Gegenüber zum Mann soll die Frau entsprechend Gottes Schöpfungsordnung ihr Frausein entfalten. Nur so kann sie dem Mann sein, was sie sein soll: die von ihm gesuchte Ergänzung, seine Gehilfin. Sexuelles Erleben, Fruchtbarkeit und Empfängnisregelung, Schwangerschaft, Geburt und Stillen, Wechseljahre und Reife – alle diese Bereiche der Frau bedingen einander, wirken aufeinander ein und lassen sich nicht voneinander trennen. Die Autorin stützt sich dabei auf Erkenntnisse von Experten, auf ihre eigene Erfahrung als Frau und Mutter von fünf Kindern und auf Begegnungen und Gespräche mit vielen Ehepaaren und Menschen aus verschiedenen Erdteilen und Kulturen.

Ingrid Trobisch und Elisabeth Rötzer

Mit Freuden Frau sein, II

Fragen und Antworten um das Geheimnis der Fruchtbarkeit

136 Seiten, 40 Grafiken, Paperback, ABCteam Bd. C 132

Umgang mit Zyklus und Fruchtbarkeit – über dieses zweite Kapitel ihres Buches »Mit Freuden Frau sein« hat Ingrid Trobisch die meisten Leserbriefe erhalten. Aus den Briefen ging soviel Ratlosigkeit, aber auch eine solche Bereitschaft, die Wunder des eigenen Körpers zu entdecken, hervor, daß dieser zweite Teil mit den Anfragen und Beobachtungen der Leserinnen und den Antworten Dr. Rötzers und Ingrid Trobischs notwendig folgen mußte. Angesprochen sind hier wieder Frauen und Männer, junge Mädchen, Frauen im Klimakterium, Verlobte und Eheleute jeden Alters.

R. BROCKHAUS VERLAG WUPPERTAL